W0238067

LOW CARB HIGH FAT

Voll fett essen,
voll schlank werden

Kilo
Krups
Fabrik-Marke

NICO STANITZOK | PROF. DR. JÜRGEN VORMANN

LOW CARB HIGH FAT

Voll fett essen, voll schlank werden

DIE GU-QUALITÄTS-GARANTIE

Wir möchten Ihnen mit den Informationen und Anregungen in diesem Buch das Leben erleichtern und Sie inspirieren, Neues auszuprobieren. Bei jedem unserer Bücher achten wir auf Aktualität und stellen höchste Ansprüche an Inhalt, Optik und Ausstattung. Alle Rezepte und Informationen werden von unseren Autoren gewissenhaft erstellt und von unseren Redakteuren sorgfältig ausgewählt und mehrfach geprüft. Deshalb bieten wir Ihnen eine 100%ige Qualitätsgarantie.

Darauf können Sie sich verlassen:
Wir legen Wert darauf, dass unsere Kochbücher zuverlässig und inspirierend zugleich sind.
Wir garantieren:

- dreifach getestete Rezepte
- sicheres Gelingen durch Schritt-für-Schritt-Anleitungen und viele nützliche Tipps
- eine authentische Rezept-Fotografie

Wir möchten für Sie immer besser werden:
Sollten wir mit diesem Buch Ihre Erwartungen nicht erfüllen, lassen Sie es uns bitte wissen! Wir tauschen Ihr Buch jederzeit gegen ein gleichwertiges zum gleichen oder ähnlichen Thema um. Nehmen Sie einfach Kontakt zu unserem Leserservice auf. Die Kontaktdaten unseres Leserservice finden Sie am Ende dieses Buches.

GRÄFE UND UNZER VERLAG
Der erste Ratgeberverlag – seit 1722.

KV

INHALT

Das grüne Blatt heißt fleischloser Genuss: Mit diesem Symbol sind alle vegetarischen Gerichte gekennzeichnet.

HIGH FAT
LOW CARB

Vorwort

Fett essen, um schlank zu werden? Für viele Menschen mit Gewichtsproblemen erscheint es verständlicherweise widernatürlich, ausgerechnet mehr Fett zu essen. Doch die aktuellsten wissenschaftlichen Erkenntnisse zeigen, dass gerade sie von viel Fett in der Nahrung profitieren!

In kaum einem anderen Bereich der Wissenschaft hat sich unser Wissen, was gesund für uns ist, so grundlegend gewandelt wie in Bezug auf die Ernährung. Während Fett früher als »Volksfeind Nr. 1« bezeichnet wurde, wissen wir heute, dass ein hoher Fettanteil sogar günstig sein kann.

Kohlenhydratreiche Mahlzeiten waren bei uns über viele Generationen hinweg die Norm. Weil aber Ernährungsgewohnheiten über lange Zeiträume geprägt und verfestigt werden, ist die grundsätzliche Veränderung von kohlenhydrat- zu fettreich für uns nicht leicht umzusetzen. Nicht zuletzt auch, weil es an passenden und umsetzbaren Ideen in der Küche fehlt.

Dieses Buch hilft Ihnen dabei, Ihren Speiseplan auf Low Carb High Fat, kurz LCHF, umzustellen. Dabei zeigen Ihnen viele leckere Rezepte den Weg. Besonders Menschen mit Übergewicht werden langfristig von dieser neuen Ernährungsweise profitieren.

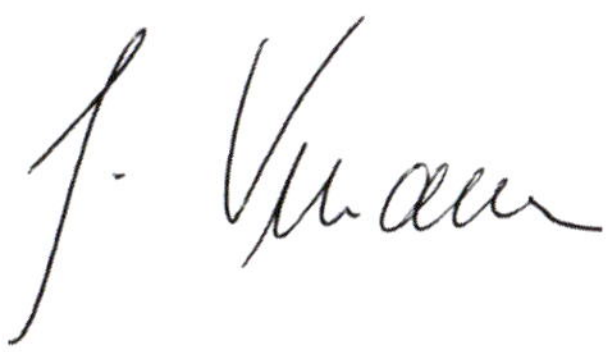

Warum LCHF?

Das ehemals gute Image der Kohlenhydrate hat in den letzten Jahren sehr gelitten. Seit einiger Zeit ist nun Low Carb angesagt. Das Weglassen von Kohlenhydraten führt aber nicht automatisch zu einer gesünderen Ernährung.

Von Low Fat zu Low Carb

Lange wurde fettarm mit gesund gleichgesetzt. Man sparte Fett in der Nahrung ein und glich das Kaloriendefizit durch mehr vermeintlich gesunde Kohlenhydrate aus. Seit einiger Zeit ist bekannt, dass dieser hohe Kohlenhydratkonsum schwere Folgen wie Übergewicht und die Stoffwechselerkrankung Diabetes Typ 2 nach sich ziehen kann. Die Folge: Nach Low Fat kam Low Carb.

Unser Körper braucht zur Aufrechterhaltung seiner Funktionen die regelmäßige Zufuhr von Energie in Form der drei Energieträger Kohlenhydrat, Fett und Protein aus unserer Nahrung. Reduziert man – bei gleichbleibender Energiezufuhr – einen Nährstoff in diesem Mix, so muss zum Ausgleich entsprechend mehr von den anderen aufgenommen werden.

Die aktuelle Low-Carb-Ernährung führt oft dazu, dass weggelassene Kohlenhydratkalorien in Form von Protein zugeführt werden – wir essen dann ein zusätzliches Steak als Ersatz für die nicht verzehrte Pasta oder das Brot. Das viele Fleisch macht diese Ernährungsform für viele, besonders für Männer, zumindest für eine gewisse Zeit attraktiv. Aber sie birgt einige Fallstricke, die den Erfolg solcher Diäten begrenzen können: Beim Abbau der proteinbildenden Aminosäuren entstehen Zwischenprodukte, die auch zum Aufbau von Kohlenhydraten verwendet werden können, sodass das Protein indirekt die Kohlenhydratzufuhr erhöht. Außerdem belastet eine hohe Proteinzufuhr den Säure-Basen-Haushalt.

Mehr Fett, weniger Protein

Wenn die Kalorien aus Kohlenhydraten nicht durch Protein ausgeglichen werden, kommt nur noch das Fett zum Auffüllen des Kalorienkontos infrage. Natürlich wird auch bei einer Low-Carb-Ernährung bereits mehr Fett als üblich vom Körper verwendet – gerade bei Übergewichtigen ist dies schließlich der erwünschte Effekt. Denn wenn Kohlenhydrate reduziert werden, verbrennen insbesondere unsere Muskelzellen vermehrt Fett zur Energiegewinnung.

Individuelle Kalorienzufuhr

Mit drei Rezepten aus diesem Buch nehmen Sie pro Portion ca. 1500 kcal zu sich. Die Kalorienzufuhr können Sie zum Beispiel durch Smoothies oder Snacks erhöhen. Aber achten Sie darauf, dass der Kohlenhydratanteil nicht zu hoch wird. Wiegen Sie sich regelmäßig. Bleibt Ihr Gewicht konstant, dann entspricht Ihre Kalorienzufuhr etwa Ihrem Verbrauch.

So kann beispielsweise das Herz seinen Energiebedarf praktisch ausschließlich durch den Abbau von Fettsäuren decken.

Allerdings gibt es bei der LCHF-Ernährung eine weitere Wirkung, die bei alleiniger Kohlenhydratreduzierung so nicht zum Tragen kommt: Bei gleichzeitig erhöhter Fettzufuhr beginnt der Körper, sogenannte Ketone herzustellen. Diese Stoffe sind bei einer herkömmlichen Ernährungsweise nur in sehr geringem Umfang in unserem Organismus vorhanden. Ihre Besonderheit ist es, von allen Zellen sehr schnell als Brennstoff verwendet zu werden. Ketone können deshalb Kohlenhydrate effektiv ersetzen.

Da wir üblicherweise größere Fettspeicher in unserem Körper haben, ist das Reservoir für die Ketonbildung sehr groß. Allerdings werden diese Energiespender nur angelegt, wenn der Stoffwechsel insbesondere in der Leber auf Fettverbrauch umgestellt ist. Doch sobald mit der Nahrung wieder größere Mengen an Kohlenhydraten ankommen, stellt der Stoffwechsel sofort wieder auf den Verbrauch dieser Kohlenhydrate um. In der Folge wird Fett erneut gespart, die Ketonbildung bleibt aus. Damit wird klar: Eine kurzfristige Kohlenhydratreduzierung bringt keinen langfristigen Effekt. Es kommt auf die dauerhafte Reduzierung der Kohlenhydrate an, um das erreichte Gewicht zu halten.

Die jahrzehntelangen Warnungen vor zu hohem Fettkonsum haben ihre Wirkung nicht verfehlt, deshalb erscheint es vielen Abnehmwilligen widernatürlich, den Fettkonsum zu steigern. Warum genau dies aber der Schlüssel zum Erfolg ist, erfahren Sie auf den folgenden Seiten.

Abnehmen mit LCHF

Wenn die LCHF-Ernährung zum Abnehmen führen soll, müssen wir natürlich auf die Gesamtkalorien achten. Grundsätzlich muss diese Menge unter dem täglichen Bedarf liegen. Dieser ist allerdings von Mensch zu Mensch, abhängig vom Ausgangsgewicht und der täglichen körperlichen Aktivität, sehr unterschiedlich. Recht pauschal kann man aber davon ausgehen, dass bei Personen mit einem Body-Mass-Index von bis zu 30 eine Kalorienreduzierung auf ca. 1500 kcal (Frauen) bzw. 2000 kcal (Männer) täglich einen kontinuierlichen Gewichtsverlust bewirken wird. Ist der BMI deutlich höher, kann auch eine höhere Kalorienzufuhr bereits zum Abnehmen führen.

Warum Low Carb?

Kohlenhydrate sind lebensnotwendig für unseren Stoffwechsel. Aber zu große Mengen überfordern unseren Blutzuckerspiegel und fördern die Speicherung von Fett. Um abzunehmen, müssen wir bei den Kohlenhydraten ansetzen.

Dickmacher Kohlenhydrate

Wir brauchen Kohlenhydrate. Sie sind in Form von Glukose essenziell für das Nervensystem und müssen immer in einer festgelegten Menge im Blut vorhanden sein, um insbesondere unser Gehirn zu versorgen. Über die Insulinausschüttung gleicht unser Stoffwechsel die Konzentration aus, sodass immer ausreichend Glukose im Blut ist, ein Zuviel aber vermieden wird. Ein Übermaß im Blut wird sehr schnell entfernt – unsere Muskulatur verbrennt dann ausschließlich Glukose und speichert ein wenig davon. Auch die Leber füllt ihre Kohlenhydratspeicher auf.

Ist das geschehen und es gelangt weiterhin Glukose aus einer üppigen Kohlenhydratmahlzeit in unseren Organismus, dann passiert, was wir vermeiden wollen: Der Überschuss wird nicht weiter als Kohlenhydrat gespeichert, sondern in Fett umgewandelt.

Oft ist es aber so, dass wir nicht ausschließlich Kohlenhydrate essen, sondern gleichzeitig auch Fett. Da unser Stoffwechsel dann ausreichend Glukose zur Verfügung hat, besteht für ihn keine Notwendigkeit, das aufgenommene Fett als Energieträger zu verwerten – also ab damit in den Speicher. Erst, wenn der Glukosegehalt im Blut wieder auf normalem Level ist, könnte dieses Fett verwendet werden. Leider signalisiert uns dann aber die absinkende Blutglukosekonzentration mit einem untrüglichen Zeichen, dass Nachschub gebraucht wird: Wir bekommen Hunger. Essen wir dann wieder Kohlenhydrate, werden diese wieder zuerst verbraucht und das gespeicherte Fett bleibt im Fettgewebe stecken. Ein Teufelskreis, der längerfristig zu Übergewicht führt. Natürlich kann man diesen Prozess unterbrechen, indem man dem Hunger nicht nachgibt – nicht gerade einfach! Oder man kurbelt durch Bewegung den Glukoseverbrauch an, was leider nicht so viel bewirkt wie erhofft.

Steuermann Insulin

Eine zentrale Stelle in diesem Prozess nimmt das Hormon Insulin ein. Es sorgt dafür, dass Glukose in Muskel- und Leberzellen aufgenom-

Versteckte Kohlenhydrate

Fertigsaucen, Joghurts und Säfte enthalten oft Kohlenhydrate, die wir dort gar nicht vermuten würden. Selbst in Brat- und Bockwurst, fertig gekauften Frikadellen und Fischgerichten und natürlich in allem Panierten befinden sie sich. Auch Hülsenfrüchte und süßes Obst enthalten beachtliche Mengen. Bedenken Sie auch, dass man Bier nicht umsonst flüssiges Brot nennt.

men wird und Ihr Stoffwechsel im Gehirn optimal abläuft. Immer, wenn nach einer Mahlzeit Glukose in unser Blut gelangt, wird aus der Bauchspeicheldrüse Insulin freigesetzt, das Glukose in die Zellen schleust und gleichzeitig den Umsatz von Fett unterbindet. Nach einer kohlenhydratreichen Mahlzeit wird viel Insulin freigesetzt, das auch Stunden danach noch im Blut ist. Um seinen Stoffwechsel auf den Umsatz von Fett zu programmieren, ist es also essenziell, den Insulingehalt im Blut so gering wie möglich zu halten. Dadurch wird auch die Produktionskapazität für Insulin geschont und andere Körperzellen erhalten ihre Sensitivität für dieses Hormon. Denn wird dauerhaft viel Insulin benötigt, kann es zur Insulinresistenz kommen. Dann reagiert der Stoffwechsel kaum oder gar nicht mehr darauf. Übergewicht und Diabetes können die Folge sein.

Weniger ist mehr!

Weniger Kohlenhydrate sind also besser. Bei der LCHF-Ernährung sind ca. 50 g Kohlenhydrate zur täglichen Bedarfsdeckung des Gehirns notwendig. Unser Gehirn verbraucht in Ruhe ca. 20 % der Kalorien – bei 2 000 kcal pro Tag also etwa 400 kcal. Das entspricht ca. 100 g Kohlenhydraten. Wenn der Stoffwechsel entsprechend umgestellt ist, reduziert sich der absolute Glukosebedarf auf ca. 50 g, denn etwa die Hälfte des Energiebedarfs des Gehirns lässt sich indirekt durch Abbau von Fett decken. Stoffwechsel und Energiebedarf sind aber individuell verschieden. Im Laufe der Zeit werden Sie Ihren Minimalbedarf herausfinden.

Die Guten ins Töpfchen

Wir müssen die verschiedenen Kohlenhydratquellen nicht nur danach unterscheiden, wie viele Kohlenhydrate sie insgesamt enthalten, sondern auch, wie schnell diese in Form von Glukose im Blut ankommen. Hierfür wird oft der Glykämische Index herangezogen, der beschreibt, wie schnell Kohlenhydrate im Darm gespalten und aus dem Blut aufgenommen werden.

Die Auswahl ist relativ einfach: Getreideprodukte, Kartoffeln, Reis und Zucker sind nicht oder nur in sehr kleinen Mengen erlaubt. Kohlenhydrate sollten praktisch nur aus Gemüse, Salat und etwas Obst stammen – das sind die »Good-Carb«-Quellen! Aber da der relative Gehalt von Kohlenhydraten in Gemüse und Salat gering ist, können Sie davon große Mengen genießen.

Best of Kohlenhydrate

Wenn Kohlenhydrate, dann sollten diese möglichst aus Gemüse und Obst stammen und weniger aus Getreide, Kartoffeln und Co. Hier finden Sie die Kohlenhydratquellen, die bestens in eine LCHF-Ernährung passen.

1. Obst enthält wichtige Vitamine und Mineralstoffe, die auch in einer LCHF-Ernährung unersetzlich sind. Darüber hinaus versorgt es uns mit weiteren gesunden Stoffen, wie beispielsweise Antioxidantien. Das trifft insbesondere auf kräftig gefärbte Obstsorten wie Beeren, Papayas oder Aprikosen zu. Einfach zu merken: Je süßer das Obst, desto weniger eignet es sich für LCHF. Ältere Apfel- oder Birnensorten, die man beispielsweise auf Märkten finden kann, enthalten meist weniger Zucker als neuere Sorten, die auf hohen Zuckergehalt hin gezüchtet wurden. Auch Quitten sind relativ zuckerarm. Dasselbe gilt für saure Zitrusfrüchte wie Grapefruits und Zitronen. Achten Sie auch darauf, Obst möglichst unverarbeitet zu konsumieren, denn oft wird bei der Verarbeitung Zucker zugesetzt. Gut ist auch tiefgekühltes Obst, denn es ist im optimalen Reifezustand geerntet. Vor allem Tiefkühlbeeren sind eine wunderbare tägliche Ergänzung des Speiseplans von hohem gesundheitlichen Wert.

2. Gemüse enthält viele Vitamine, Mineralstoffe und die bei der LCHF-Ernährung besonders wichtigen Basen. Die täglich erlaubte Menge an Kohlenhydraten sollte vorwiegend durch Gemüse gedeckt werden. Alle Kohlsorten, Blattsalate, Gurken, Spinat, Tomaten, Spargel, Brokkoli, Auberginen, Zucchini, Paprika, Zwiebeln und Pilze können Sie unbesorgt verzehren. Nutzen Sie den hohen Fettgehalt von Avocado und Oliven. Tiefkühlgemüse ist eine gesunde und praktische Alternative zu frischer Ware. Seien Sie aber zurückhaltend bei Wurzelgemüse, denn Pflanzen speichern Kohlenhydrate in Wurzeln und Knollen.

3. Hülsenfrüchte liefern zwar hochwertiges Protein, aber besonders Linsen und Kichererbsen enthalten zudem auch viele Kohlenhydrate. Wenn es Hülsenfrüchte sein sollen, dann lieber auf Erbsen und Bohnen ausweichen, die im Vergleich kohlenhydratärmer sind.

4. Mehlalternativen können reine Kohlenhydratträger wie Zucker, Kartoffeln, Reis und Getreide, die für die LCHF-Ernährung wenig geeignet sind, ersetzen. Als Mehlersatz eignet sich Mandelmehl, das nur etwa 6 g Kohlenhydrate pro 100 g enthält. Bei Gebäck kann man es zusammen mit Süßstoff verwenden. Aber Sie werden sehen: Der Appetit auf den süßen Geschmack wird mit der Zeit ohnehin nachlassen. Auch andere Nussmehle bzw. gemahlene Leinsamen, Kürbis- oder Pinienkerne sind ein guter Ersatz für Getreidemehl.

1
2
3
4

Warum kein High Protein?

Die reduzierte Kohlenhydratmenge durch mehr Protein ausgleichen? Klingt logisch, belastet auf Dauer aber die Nieren, führt zu gesundheitlichen Problemen wie Übersäuerung und verhindert sogar das Abnehmen.

Beim Protein sparen

Natürlich ist es verlockend, die Kalorien, die wir bei den Kohlenhydraten sparen, in Form von großen Portionen Fleisch, Fisch oder Käse aufzunehmen. Das führt allerdings dazu, dass die Proteinzufuhr weitaus höher ist als die benötigte Proteinmenge von etwa 1 g pro kg Körpergewicht und Tag. Bei einer Low-Carb-Ernährung sollte die Obergrenze bei 2 g Protein pro kg Körpergewicht liegen. Das ist allerdings schnell erreicht: Bei einem Körpergewicht von 75 kg kommt man auf etwa 150 g Protein. In kcal ausgedrückt entspricht das etwa 600 pro Tag.

Die Schattenseite der Proteine

Proteine oder Eiweiße sind aus einzelnen Bausteinen zusammengesetzt, den Aminosäuren. Wir brauchen Aminosäuren einerseits als Brennstoff und andererseits als Baustoff z. B. für unsere Muskeln. Aminosäuren enthalten bestimmte chemische Elemente, insbesondere Stickstoff und Schwefel, die wir wieder über die Nieren ausscheiden müssen, da wir nicht alle Anteile in körpereigenes Protein umwandeln können. Eine übermäßige Proteinzufuhr belastet deshalb unsere Nieren. Eine Ernährung ausschließlich mit Protein ist langfristig sogar unmöglich, da die Fähigkeit der Nieren zur Elimination von Stickstoff begrenzt ist.

Der im Protein enthaltene Schwefel bereitet noch zusätzliche Probleme. Schwefel kann nur in Form von Schwefelsäure aus dem Körper über die Nieren entfernt werden. Ein Übermaß davon trägt erheblich zu einer schädlichen Übersäuerung des Körpers bei. Schon ab einem Alter von ca. 30 Jahren ist die Ausscheidungsfähigkeit der Niere eingeschränkt, ab dann verlieren wir unvermeidbar pro Lebensjahr ca. 1 % der Nierenkapazität.

Wegen dieser stetig nachlassenden Nierenleistung sind gerade ältere Personen von einem Säureüberschuss und dessen negativen Folgen betroffen, wenn diese Säuren nicht mehr in ausreichendem Maß aus dem Körper entfernt werden können. Eine Übersäuerung wird dann zunehmend durch Freisetzung von Basen aus dem Knochengerüst ausgeglichen. Dabei geht

LCHF für Veggies

Kokos- und Olivenöl, Avocados, Nüsse, Eier sowie Milchprodukte garantieren Vegetariern eine gesunde Ernährung. Die Auswahl steigt, wenn Fische und Meeresfrüchte auf den Tisch dürfen. Fallen alle tierischen Produkte weg, wird es schwerer: Hülsenfrüchte als Proteinquellen sind zu kohlenhydratreich, besser für Veganer sind fermentierte Sojaprodukte.

leider aus den Knochen auch das wichtige Kalzium verloren. Die Knochen verlieren einen Teil ihrer Stabilität und das Risiko für eine Osteoporose steigt. Diese Säurebelastung kann auch Veränderungen im Bindegewebe hervorrufen, was mit Schmerzen einhergehen kann. Die gewollte Produktion von Ketonen, die chemisch ebenfalls Säuren sind, verstärkt die Säurebelastung noch. Das Ziel muss also sein, die produzierte Säuremenge gering zu halten.

Eine LCHF-Ernährung mit sehr hohen Proteinmengen ist deshalb ungünstig. Auch aus einem weiteren Grund: Einige Aminosäuren, aus denen Proteine bestehen, können in Glukose umgewandelt werden. Der Anteil dieser Aminosäuren ist in allen proteinhaltigen Lebensmitteln gleich, eine gezielte Vermeidung dieser Proteine also nicht möglich. Wie Kohlenhydrate auch, können sie dann eine Reaktion des Insulins auslösen. Ein Effekt, den wir gerade vermeiden möchten.

Problemfall Harnsäure

Eine hohe Proteinzufuhr ist sehr oft gleichbedeutend mit hohem Fleischverzehr. Neben tierischem Eiweiß wird dann auch eine größere Menge an Nukleinsäuren aufgenommen, bei deren Abbau Harnsäure entsteht. Bei der Umstellung auf eine LCHF-Ernährung kann das zu Schwierigkeiten führen, denn Ketone und Harnsäure konkurrieren in der Niere um dieselben Ausscheidungssysteme. Das kann zu Engpässen führen und die Ausscheidung hemmen. Zu Beginn einer LCHF-Ernährung kann die Harnsäurekonzentration daher im Blut ansteigen. Wird dann noch viel Fleisch gegessen, verstärkt sich dieser Effekt noch weiter.

Harnsäure ist zwar ein wichtiges Antioxidans im Blut und ein Anstieg im Regelfall deshalb sogar günstig – allerdings nicht, wenn Sie bereits unter Gicht leiden, denn Gicht ist das Ergebnis eines zu hohen Harnsäurespiegels. Sollte dies bei Ihnen der Fall sein, dann konsultieren Sie Ihren Arzt vor Beginn der Ernährungsumstellung. Bei normaler Proteinzufuhr adaptiert sich die Nierenfunktion nach vier bis sechs Wochen und die Harnsäurewerte normalisieren sich.

Eine erhöhte Proteinzufuhr ist bei Low Carb zwar möglich, allerdings nicht in dem Maß, das notwendig wäre, um die weggelassenen Kohlenhydratkalorien zu ersetzen. Auch hier zeigt sich, dass nur eine höhere Fettzufuhr die Kalorienproblematik lösen kann.

Deshalb High Fat

Bei gleichbleibendem Energiebedarf, aber weniger Kohlenhydraten und Proteinen bleibt nur eine erhöhte Fettzufuhr, um die ausreichende Energieversorgung zu gewährleisten. Was das Fett betrifft, müssen wir umdenken.

Schlank durch Fett?

Der ursprüngliche Gedanke, weniger Fett zu essen, um abzunehmen, erscheint naheliegend. Schließlich enthält 1 g Fett mehr als doppelt so viele Kalorien wie Kohlenhydrate oder Protein. Durch die Reduzierung von Fett lassen sich also deutlich mehr Kalorien einsparen als durch die gleiche Menge Protein oder Kohlenhydrate.

Inzwischen weiß man aber, dass gerade das Fett für das Sättigungsgefühl ausschlaggebend ist. Die gleiche Menge an Kalorien in Form von Kohlenhydraten sättigt wesentlich schlechter als Fett. Fett wurde zudem lange Zeit als Verursacher von Krankheiten, insbesondere von Herzerkrankungen, beschuldigt.

Allerdings ist inzwischen bekannt, dass wesentliche Untersuchungen dazu fehlinterpretiert wurden. Jahrzehntelang versuchte man dann, hohe Cholesterinwerte, die als Hauptursache von Herzinfarkt ausgemacht wurden, durch eine verminderte Fettzufuhr zu senken. In der Tat kann dadurch der Cholesteringehalt im Blut reduziert werden. Das betrifft aber auch das inzwischen als gesundheitlich wertvoll angesehene HDL-Cholesterin. Nach heutigem Wissensstand stellt eine fettreiche und kohlenhydratarme Ernährungsweise keinen Risikofaktor für Herz-Kreislauf-Erkrankungen dar. Ob dadurch das allgemeine Risiko nicht sogar vermindert wird, müssen die Ergebnisse weiterer Untersuchungen zeigen – erste wissenschaftliche Studien deuten darauf hin.

Ketone im Fettstoffwechsel

Fett besteht aus einem Glyceringerüst, an das drei Fettsäuren gekoppelt sind. Beim Fettabbau werden diese Säuren freigesetzt und von unserer Muskulatur für die Energiegewinnung genutzt. Zurück bleibt der Glycerinanteil, aus dem Glukose gebildet wird. Damit kann Fett sogar einen Beitrag zur Grundversorgung des Gehirns mit Glukose leisten.

Bei einer hohen Fettzufuhr kann der Körper jedoch nicht sofort alle Fettsäuren verwenden.

Ketoseeinstieg durch Fasten

Einen schnellen Einstieg in die Ketose kann man durch zweitägiges Fasten erreichen. Die Kohlenhydratspeicher in unserem Körper reichen nur für etwa einen Tag, danach stellt sich unser Stoffwechsel schon auf die Verbrennung von Fett aus dem Fettgewebe um. Ein Teil dieses Fettes wird dann in Ketonkörper umgewandelt und ans Blut abgegeben.

Deshalb transportiert er die Überschüsse in die Leber, wo er sie in sogenannte Ketonkörper umwandelt. Ketonkörper sind Säuren mit einer relevanten Besonderheit: Sie können sehr schnell in alle Zellen aufgenommen werden – und zwar auch in die des Nervengewebes und des Gehirns. Fetten und Fettsäuren gelingt das nicht, denn sie können in ihrer Transportform die Blut-Hirn-Schranke nicht durchdringen.

Das Besondere ist, dass unsere Nervenzellen die Ketosäuren sehr gut als Energiequelle nutzen können und damit der Bedarf von Glukose reduziert wird. Sind genügend Ketonkörper vorhanden, können bis zu 60 % des Energiebedarfs unseres Gehirns aus dieser Quelle gespeist werden. Dabei fallen zudem weniger freie Radikale, also potenziell schädigende Abbauprodukte an als beim Abbau von Glukose.

Viel Fett in der Nahrung fördert damit auch die Funktion unseres Gehirns. Wenige Wochen einer LCHF-Ernährung führen dazu, dass praktisch immer (zumindest bei Menschen, die vorher einiges an Fettdepots angesammelt hatten) genügend Energie zur Versorgung der Zellen zur Verfügung steht. Da unsere Hungermechanismen stets darauf abzielen, ein drohendes Energiedefizit zu beheben, müssen sie keinen Alarm schlagen und der Hunger bleibt einfach aus.

Kohlenhydrate runter

Voraussetzung für die positiven Effekte ist aber, dass die Zufuhr von Kohlenhydraten gleichzeitig sehr stark reduziert wird, nur dann wird eine relevante Ketonkonzentration im Blut erreicht. Bei einer Ernährung mit einem hohen Anteil an Kohlenhydraten sind praktisch keine Ketonkörper im Blut vorhanden und das Gehirn nutzt ausschließlich Glukose. Erst, wenn der Ketongehalt auf Werte von über 1 mmol / l Blut ansteigt, werden Ketone relevant verwendet. Diese Menge erreicht man aber erst, wenn die Kohlenhydratzufuhr deutlich unter 100 g pro Tag, besser bei 50 g, liegt.

Therapeutischer Nutzen

Der positive Effekt einer Ketose wird übrigens auch therapeutisch genutzt. Seit fast 100 Jahren weiß man, dass eine Ernährungsweise mit sehr hohem Fettanteil günstige Auswirkungen auf Patienten mit Epilepsie hat. Die Häufigkeit von Krampfanfällen lässt sich damit erheblich vermindern.

Was Fette können

Natürlich ist es von großer Bedeutung, welches Fett man isst, denn Fett ist nicht gleich Fett. Gerade die Fette, die lange Zeit als ungünstig angesehen wurden, sind wegen der speziellen Stoffwechsellage bei LCHF gut geeignet.

Der kleine Unterschied

Lang-, mittel- oder kurzkettig, gesättigt oder ungesättigt: Diese Begriffe tauchen immer wieder im Zusammenhang mit Fetten auf. Doch wofür stehen sie? Fettsäuren werden chemisch einerseits durch ihre Kettenlängen beschrieben, andererseits durch ihren Bindungscharakter. So werden Fette mit Einfachbindungen als gesättigt bezeichnet, während die Doppelbindungen sie zu ungesättigten Fetten machen. Kettenlänge und Bindungseigenschaften sagen aber nicht nur etwas über die chemischen Eigenschaften der Fette, sondern auch über ihren gesundheitlichen Wert aus. Einen Anhaltspunkt dafür, mit welcher Art Fett man es zu tun hat, bietet die Konsistenz: Fette mit einem größeren Anteil ungesättigter, langkettiger Fettsäuren sind bei Zimmertemperatur flüssig, solche mit gesättigten Fettsäuren fest.

Ungesättigte Fettsäuren

Verschiedene ungesättigte Fettsäuren wie die Gruppe der Omega-3-Fettsäuren, aber auch die einfach ungesättigte Ölsäure (besonders viel davon befindet sich in Olivenöl) und die doppelt ungesättigte Linolsäure (besonders in Distel- und Traubenkernöl vorkommend) sind für unseren Stoffwechsel wichtig und bekannt dafür, unserer Gesundheit gutzutun. Omega-3-Fettsäuren wirken sich insbesondere günstig auf die Struktur von Zellmembranen aus und sind vor allem in fettem Seefisch enthalten.

Eine weitere wichtige Quelle für Omega-3-Fettsäuren bilden Produkte von Tieren aus natürlicher Weidehaltung, also Milch, Milchprodukte, Fleisch, Wurst, Speck etc. Omega-3-Fettsäuren aus dem Gras reichern sich darin an, deshalb enthält auch die Butter von Kühen aus Weidehaltung einen relevanten Anteil dieser gesunden Fette. Daneben ist Olivenöl wegen seines hohen Gehalts an der einfach ungesättigten Ölsäure gut für uns.

Ein Verhältnis von vielen Omega-3- zu wenigen Omega-6-Fettsäuren in unserer Ernährung erhält unsere Gesundheit und schützt vor vielen

Omega-6-Fettsäuren

Weniger günstige Fette sind solche mit einem relativ hohen Omega-6-Fettsäuren-Anteil im Vergleich zu ihrem Gehalt an Omega-3-Fettsäuren. Verzichten Sie deshalb auf beliebte Fette wie Sonnenblumen-, Weizenkeim-, Raps-, Soja- und Distelöl und auf daraus hergestellte Margarine. Aus diesen Fetten kann besonders beim Erhitzen ungesundes Transfett entstehen.

Krankheiten. Dazu gehören beispielsweise Herz-Kreislauf-Erkrankungen und Arterienverkalkung. Auch bei solchen Erkrankungen, die mit Entzündungen und Schmerzproblemen einhergehen, wie es bei Rheuma der Fall ist, wirkt eine hohe Zufuhr an Omega-3- und eine geringe Zufuhr an Omega-6-Fettsäuren günstig. Die Omega-3-Fettsäuren bewirken in dieser Menge, dass bestimmte Schmerzüberträgerstoffe, die Prostaglandine, in wesentlich geringerem Umfang als gewöhnlich gebildet werden können.

Gesättigte Fettsäuren

In Verruf geraten sind die Fette mit gesättigten Fettsäuren, die chemisch stabil sind und sich beim Erhitzen kaum verändern. Diesen Fetten wird eine negative Wirkung auf den Cholesterinspiegel nachgesagt. Das Gute bei LCHF: Hier kommt dieser Effekt nicht zum Tragen, da die Fette sehr schnell zur Energiegewinnung abgebaut werden.

Tierische gesättigte Fette aus Butter, Schmalz oder Speck können deshalb unbedenklich in die LCHF-Ernährung einbezogen werden. Im Pflanzenreich sind gesättigte Fette selten. Es gibt nur zwei Sorten, die einen hohen Anteil von gesättigten Fetten mit Bedeutung für die Ernährung enthalten: Kokosfett und Palmkernöl (nicht zu verwechseln mit Palmöl).

MCT-Fette

Mittelkettige Fettsäuren, kurz MCT-Fette, haben bei der LCHF-Ernährung einen entscheidenden Vorteil: Sie besitzen die ungewöhnliche Eigenschaft, sehr schnell aus dem Darm aufgenommen und in der Leber in Ketonkörper umgewandelt zu werden. Mit diesem Fett lässt sich somit die gewünschte Ketose wesentlich schneller erreichen als mit anderen Fetten.

Unschlagbar in ihrem Gehalt an MCT-Fetten ist das native Kokosöl – vorzugsweise aus organischer Produktion, denn es enthält ca. 50 % MCT-Fette. Von den bei uns üblicherweise verwendeten Fetten enthält sonst nur Butter noch einen relevanten Anteil (ca. 10 %) mittelkettiger Fettsäuren. Leider wird Kokosöl oft als weniger gesund bezeichnet, da es überwiegend gesättigte Fettsäuren enthält. Inzwischen weiß man aber, dass Kokosfett nicht nur schnell verstoffwechselt wird und ketogen wirkt, sondern auch eine Vielzahl weiterer positiver gesundheitlicher Wirkungen mitbringt.

Best of Fette

Omega-3-Fettsäuren und MCT-Fette haben für die LCHF-Ernährung viele günstige Eigenschaften und sollten bei der Wahl der Fette im Fokus stehen. Dabei ist Bio erste Wahl, denn die Zusammensetzung ist deutlich besser!

1. Von Weidetieren Von Fleisch bis Milch: Bei allen Erzeugnissen vom Tier ist der Gehalt an Omega-3-Fettsäuren stark vom Futter abhängig. Die Tiere reichern die guten Fettsäuren aus dem frischen Gras in Fleisch und Milch an. Achten Sie deshalb auf Weidehaltung bzw. Grasfütterung. Schmalz ist zum Braten ideal und Speck steuert mit zahlreichen Aromastoffen ein unwiderstehliches Aroma bei, dabei ist er reich an guten Fettsäuren. Butter und Sahne sind die einzigen tierischen Fette, die mittelkettige Fettsäuren besitzen, welche schnell in Ketone umgewandelt werden können. Sie sind mild, vielseitig einsetzbar und dienen als natürliche Geschmacksverstärker.

2. Von Meerestieren Fettreiche Meeresfische wie Seeaal, Makrele, Sardine, Lachs oder Hering sind besonders reich an Omega-3-Fettsäuren. Auch bei ihnen stammt der Gehalt dieser wertvollen Fettsäuren aus der Nahrung. Gezielte und artgerechte Fütterung kann sehr hohe Werte guter Fettsäuren erzeugen. Fische, die in Aquakultur nicht artgerecht ernährt werden, sind dagegen relativ arm daran. Achten Sie bei wild gefangenem Fisch und Meeresfrüchten auf umweltverträgliche Fangmethoden, erkennbar am MSC-Siegel.

3. Aus pflanzlichen Quellen Zwei Aspekte machen ein gutes pflanzliches Öl aus: das Verhältnis von Omega-3- zu Omega-6-Fettsäuren sowie der Gehalt an MCT-Fetten. In kalt gepressten Ölen sind noch alle guten Inhaltsstoffe wie Vitamine enthalten. Kokosöl aus Bioproduktion (Virgin Coconut Oil) ist zum Braten und Backen neben Schmalz erste Wahl. Olivenöl wird vor allem in der kalten Küche oder als Geschmacksgeber über Gerichte geträufelt verwendet. Mit seinem hohen Gehalt an Ölsäure reguliert es den Fettstoffwechsel und verringert den Anteil toxischer Fette.

So auch Avocadoöl: Es besteht zur Hälfte aus Ölsäure. Gemüse- und Pilzgerichten, Salaten und Suppen verleiht das Öl eine nussige Note. Nussöle aus Wal-, Hasel- oder Macadamianuss sind ebenfalls für die kalte Küche, aber nicht zum Erhitzen geeignet. Sie enthalten eine ausgewogene Mischung gesunder Fette. Schon wenige Tropfen verfeinern Salate, Suppen und Gemüsegerichte. Der unverwechselbare Geschmack von Leinöl passt zu Gemüse, in Salate und Suppen. Leinöl darf nicht erhitzt werden. Sein Verhältnis von Omega-3- zu Omega-6-Fettsäuren ist mit 6:1 nahezu ideal für den menschlichen Stoffwechsel.

1
3
2

Die Ketose

Der Schlüssel zum Erfolg bei LCHF heißt Ketose. Dieser Stoffwechselzustand baut Fettreserven ab, ohne dass Hungergefühle eine Chance haben. Denn bei abnehmendem Glukosegehalt wird das Gehirn weiterhin mit Energie versorgt.

Was passiert bei der Ketose?

Zwangsläufig führt ein Glukose- und damit Energiemangel im Gehirn zu massiven Hungergefühlen. Üblicherweise geben wir diesem Hunger nach, geben unserem Körper, was er verlangt, und das zum Abnehmen notwendige Energiedefizit wird nicht erreicht.

Wenn wir uns jedoch im Zustand der Ketose befinden, droht dem Gehirn keine Energienot und das Hungergefühl bleibt einfach aus. Die meisten Menschen werden dann mit nur zwei Mahlzeiten täglich ohne Probleme zurechtkommen, ganz ohne Zwischenmahlzeiten.

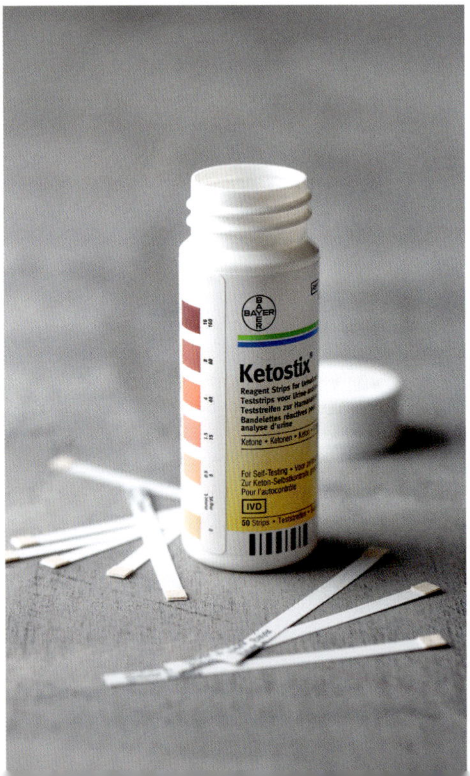

Positiver Nebeneffekt: Beim Verbrennen der Ketone fallen weniger Sauerstoffradikale an, die Schäden insbesondere in den Zellmembranen anrichten können, darüber hinaus stärken Ketone die Mechanismen gegen diesen oxidativen Stress und entgiften Sauerstoffradikale.

Ketonkonzentration

Günstig ist eine Ketonkonzentration im Blut im Bereich von 1 bis 3 mmol / l (siehe auch Grafik S. 23). Ketone lassen sich zwar im Blut messen, einfacher ist aber ein Urintest. In der Apotheke bekommt man sogenannte Ketosticks, mit denen diese Messung möglich ist. Die gemessenen Werte lassen dann auch einen Rückschluss auf die Werte im Blut zu. Gerade zu Beginn der Umstellung auf eine LCHF-Ernährung lässt sich so überprüfen, ob die Reduzierung der Kohlenhydrate ausreichend ist und eine Ketose erreicht wird.

Ketose messen

Wenn Sie mit der LCHF-Ernährung beginnen, messen Sie täglich morgens den Ketongehalt in Ihrem Urin. Nach einigen Tagen werden Sie einen Anstieg der Ketonkonzentration im Urin bemerken, dessen Höhe von der Reduzierung der Kohlenhydratmenge und dem Fettgehalt in Ihrer Ernährung abhängig ist.

Insbesondere Kokosöl wird dafür sorgen, dass die Ketone ansteigen. Ist das nach etwa einer Woche noch nicht der Fall, machen Sie sich auf

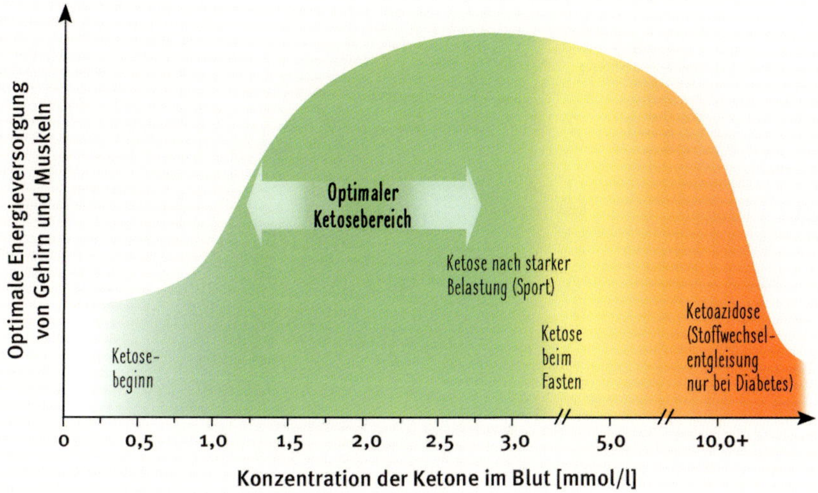

Optimal ist eine Ketonkonzentration zwischen 1,0 bis 3,0 mmol/l.

die Suche nach versteckten Kohlenhydraten in Ihrer Ernährung. Vielleicht ist auch Ihr Proteinverzehr noch zu hoch. Dann müssen Sie eventuell die Kohlenhydrate noch weiter reduzieren, um Ihren Stoffwechsel umzustellen. Versuchen Sie dann, Ihre tägliche Kohlenhydratzufuhr auf unter 50 g zu drosseln.

Nach einigen Wochen der Umstellung wird die Ausscheidung der Ketone nachlassen. Das bedeutet nicht, dass die LCHF-Ernährung nicht mehr funktioniert, sondern ist vielmehr ein Zeichen dafür, dass sich Ihr Stoffwechsel an den Abbau von Ketonen angepasst hat, die nun überwiegend verbrannt und nicht mehr ausgeschieden werden.

Ketose und Leistungsfähigkeit

Gelingt es langfristig, eine Ketose aufrechtzuerhalten, nimmt auch die Leistungsfähigkeit im Sport zu. Ketone stellen die Energieversorgung der Muskeln sicher und der von vielen Sportlern gefürchtete Hungerast bleibt aus. Dieser jähe Energiemangel entsteht durch den starken Abfall der Glukosekonzentration im Blut, ohne dass das Energiedefizit mangels Ketonen ausgeglichen werden kann. Eine Ketose sorgt auch für eine kontinuierliche Energieversorgung des Gehirns, wodurch seine Funktion verbessert wird und der Ketose sogar eine große Bedeutung bei Demenzerkrankungen zukommt. Denn wenn der Kohlenhydratstoffwechsel des Gehirns nicht mehr adäquat durch Insulin gesteuert wird, können ersatzweise Ketone die notwendige Energie bereitstellen.

Seit Neuestem weiß man, dass auch die Alzheimerkrankheit dadurch beeinflusst wird. Da das Insulin im Gehirn der Erkrankten nicht mehr wirkt, wird diese Form der Demenz in der Wissenschaft inzwischen sogar als Diabetes Typ 3 bezeichnet. Ketone können das Gehirn mit einem alternativen Brennstoff versorgen und die Nervenfunktion verbessern. Erste wissenschaftliche Untersuchungen zeigen deutliche Verbesserungen bei Demenzpatienten in Ketose.

Nicht verwechseln

Häufig wird eine Ketose mit einer Ketoazidose verwechselt. Die Ketoazidose ist eine lebensbedrohliche Stoffwechselentgleisung bei Diabetikern. Die dabei auftretenden Ketonkonzentrationen im Blut liegen bis zum Zehnfachen über denen einer Ketose. Durch eine LCHF-Ernährung allein werden solche Ketonkonzentrationen keinesfalls erreicht.

Basics der LCHF-Küche

Gute Fette, Fleisch, Fisch, Gemüse, Obst, Salate und Milchprodukte – eine große Auswahl aus allen Kategorien bereichert die LCHF-Ernährung. Nur bei kohlenhydratreichen Lebensmitteln müssen Sie vorsichtig sein.

Fette / Öle

Avocado-, Hanf-, Kokos-, Lein-, Olivenöl
Butter, Ghee, Butterschmalz
Nussöle (Walnuss-, Haselnuss-, Macadamianussöl)
Rindertalg, Schmalz (Gänse-, Enten-, Schweine-)

Fisch / Meeresfrüchte

Aal, Hering, Lachs, Makrele
Garnelen, Krabben
Muscheln
Konserven in Olivenöl (Sardinen, Thunfisch)

Fleisch / Fleischprodukte

fette Knochenbrühe
Geflügel mit Haut (Huhn, Ente, Gans, Pute)
Innereien (Leber, Niere)
Lamm, Rindfleisch, Schweinefleisch, Wild
Salami, Chorizo
Schinken
Speck

Milchprodukte

fettreicher Käse
Sahne, Sahnequark
Schafskäse (Feta)

Nüsse und Samen

Gemüse / Salate

alle Kohlsorten, Sauerkraut
alle Blattsalate
Artischocken
Auberginen
Avocados
Frühlingszwiebeln
Gurken
Lauch
Mangold
Oliven
Paprika
Pilze
Radieschen, Rettich
Sellerie
Spargel (grün und weiß)
Spinat
Tomaten
Zucchini

Obst

Äpfel
Aprikosen, Pflaumen
Beeren
Granatäpfel
Grapefruits, Orangen
Litchis, Papayas

Kräuter, Gewürze, Würzmittel

alle Kräutersorten
Mayonnaise, Aioli, Sauce béarnaise
Pesto
Tomatenmark
zuckerfreier Senf (Senfpulver)

Außerdem

Eier
Zartbitterschokolade (mind. 80 % Kakaogehalt)

PESTO
THUNFISCH
KOKOSÖL

Mineralstofftanks auffüllen

Sobald die Ketose erreicht ist, kommt es erst einmal zu vermehrter Ausscheidung einiger Mineralstoffe zusammen mit Wasser. Gleichen Sie den drohenden Mineralstoffmangel am besten durch Fleisch- oder Gemüsebrühen aus. Essen Sie viel Gemüse, um genügend Magnesium zuzuführen, das für fast alle biochemischen Funktionen unseres Körpers benötigt wird. Erhöhen Sie Ihren Magnesium-Input anfangs möglichst mit Präparaten auf Citratbasis.

LCHF

Süßhunger?

Gerade zu Beginn der Umstellung kann die Lust auf Süßes dominant sein. Kleiner Trost: Das Verlangen vergeht allmählich. Wenn es nicht anders geht, dann süßen Sie anfangs mit geeigneten Süßungsmitteln. Versuchen Sie aber, nach und nach darauf zu verzichten. Gönnen Sie sich lieber ab und zu ein Stückchen Zartbitterschokolade mit 80 % Kakaoanteil.

Kugelsichere Frühstückspower

Das perfekte Getränk für Frühstücksverweigerer und Morgenmuffel: Bulletproof Coffee. Dieser mit Butter und/oder Kokosöl angereicherte Kaffee versorgt Sie mit Energie bis zum Mittag. Er macht nicht nur satt, sondern katapultiert sie superfit in den Tag. Damit es nicht langweilig wird, probieren Sie statt Kaffee auch mal Kakao mit wärmenden Gewürzen oder variieren Sie den Kaffee ganz nach Gusto (Rezeptideen siehe S. 182/183).

Wer Säure hat …

… muss auch Base haben. Um den pH-Wert im Blut konstant zu halten, müssen Ketone, die chemisch gesehen Säuren sind, entsprechend mit Basen ausgeglichen werden. Gemüse und Gemüsebrühen sind gute Basenlieferanten. Bei gleichzeitig erhöhter Proteinzufuhr nimmt auch die Säuremenge im Blut weiter zu und die Basenzufuhr über die Nahrung reicht dann oft nicht aus. Ergänzen Sie mit basischen Mineralstoffprodukten auf Citratbasis.

Tipps & Tricks

Und Alkohol?

Die gute Nachricht: Alkoholische Getränke sind nicht tabu. Auf Bier verzichten Sie aber besser – nicht umsonst heißt es flüssiges Brot! Doch ein Glas trockener Weißwein ist erlaubt, ebenso Hochprozentiges, wenn es keine süßen Liköre sind. Probieren Sie einen Wodka oder Gin, gemixt mit einem großen Glas Mineralwasser und etwas Limettensaft.

LCHF geht auch unterwegs

Im Restaurant lassen Sie die üblichen »Sättigungsbeilagen« wie Nudeln, Kartoffeln, Reis oder Brot links liegen. Wählen Sie lieber einen gebratenen Fisch oder ein Steak mit einem großen Salat – aber nicht mit den üblichen Dressings, sondern besser mit Öl und Essig oder Zitronensaft. Natürlich sind auch große Gemüseportionen – gerne mit viel Butter gegart! – als Beilage top.

Frühstück

Süßmäulchen oder eher pikanter Frühstücker? Ganz egal, denn in diesem Kapitel werden alle fündig und starten energiegeladen und fit in den Tag. Dabei muss niemand auf lieb gewonnene Rituale am Morgen verzichten. Damit Sie sich die Zeit für ein ausgiebiges Frühstück nehmen können, kann vieles schon am Vorabend vorbereitet werden.

Orangen-Chia-Creme mit Pistazien

Für 2 Personen
Zubereitung: ca. 20 Min.
Pro Portion: ca. 480 kcal, 19 g E, 39 g F, 10 g KH

1 Bio-Orange
3 Eier (M)
100 g Sahne
1 EL Chia-Samen
100 g ungeschälte Pistazien (geröstet, ungesalzen)

Außerdem:
Chia-Samen zum Bestreuen

1. Einen ausreichend großen Topf für das Wasserbad ca. 1 cm hoch mit Wasser füllen und das Wasser zum Kochen bringen.

2. Inzwischen die Orange heiß abwaschen, trocken reiben und die Schale fein abreiben. Den Saft auspressen (ca. 100 ml) und zusammen mit abgeriebener Orangenschale, den Eiern und der Sahne in einer hitzebeständigen Schüssel (nach Möglichkeit aus Metall) glatt rühren. Über dem heißen Wasserbad unter Rühren 5–6 Min. erhitzen, bis die Masse gebunden ist.

3. Die Chia-Samen einrühren und die Schüssel 10 Min. in kaltes Wasser stellen, um den Garprozess zu unterbrechen. Dabei die Creme gelegentlich durchrühren.

4. Während die Orangencreme abkühlt, die Pistazien aus der Schale lösen (ergibt ca. 50 g Pistazienkerne). Die Creme in zwei Schälchen verteilen und mit den Pistazien und den Chia-Samen bestreut servieren.

ABENDS VORBEREITEN

Die Creme lässt sich super vorbereiten. Eine Nacht im Kühlschrank bekommt ihr sogar sehr gut, denn sie wird dadurch noch cremiger. Am nächsten Morgen nur noch mit den Pistazien und den Chia-Samen bestreuen – fertig zum Genuss.

Herrlich cremig, dieses LCHF-kompatible Kokos-Curd. Die sommerliche Kokosmilch und der fruchtige Geschmack der Himbeeren ergänzen sich perfekt.

Kokos-Curd mit Himbeeren

Für 2 Personen
Zubereitung: ca. 20 Min.
Kühlen: ca. 6 Std.
Pro Portion: ca. 525 kcal, 21 g E, 45 g F, 6 g KH

200 g Kokosmilch (aus der Dose)
4 Eier (M)
1 Msp. Flohsamenschalenpulver
2 EL Kokosmehl
½ TL gemahlene Vanille
½ TL Zimtpulver
Salz
4 TL eiskalte Butter
100 g Himbeeren
1 EL Kokosraspel

1. Kokosmilch, Eier und das Flohsamenschalenpulver mit 100 ml warmem Wasser in eine hitzebeständige Schüssel geben (nach Möglichkeit aus Metall) und zügig mit dem Rührbesen glatt rühren. Anschließend Kokosmehl, Vanille, Zimt und 1 Prise Salz dazugeben und zu einer glatten Masse verrühren.

2. Einen ausreichend großen Topf für das Wasserbad ca. 1 cm hoch mit Wasser füllen und das Wasser zum Kochen bringen. Die Kokos-Ei-Masse in der Schüssel über dem Wasserbad erhitzen, ohne dass sie mit dem Wasser in Berührung kommt. Die Masse dabei 10–12 Min. ständig rühren, damit sie nicht ausflockt. So lange rühren, bis sie dickflüssig wird und beginnt zu binden. Man bemerkt das leicht am steigenden Widerstand beim Rühren.

3. Die Kokos-Ei-Masse sofort vom Wasserbad nehmen, die eiskalte Butter einrühren, bis sie sich aufgelöst hat, und das Curd auf zwei Müslischälchen verteilen. Mit Frischhaltefolie abdecken und mindestens 6 Std., besser über Nacht, kalt stellen. Im kalten Zustand hat das Curd eine puddingartige Konsistenz.

4. Die Himbeeren behutsam waschen, trocken tupfen, auf der Creme verteilen und mit den Kokosraspeln garnieren.

SO SCHMECKT'S AUCH

Das Curd ist auch lecker mit der gleichen Menge Heidelbeeren oder Papaya. Auch gegen tiefgekühlte Ware ist überhaupt nichts einzuwenden. Soll es morgens besonders schnell gehen, dann geben Sie die Früchte schon am Vorabend zum Auftauen in eine Schüssel und stellen Sie sie in den Kühlschrank.

Wasserbad vorbereiten: *Für das Wasserbad einen großen Topf etwa 1 cm hoch mit Wasser füllen und das Wasser aufkochen. Eine darübergehängte Schüssel sollte größer als der Topfdurchmesser sein. So kann sie die Wasseroberfläche nicht berühren.*

Curd anrühren: *Zuerst die feuchten Zutaten mit dem Flohsamenschalenpulver in einer kleinen Schüssel gründlich mit dem Rührbesen verrühren. Dann das Kokosmehl und die Vanille dazugeben und alles rasch klümpchenfrei glatt rühren.*

Stocken lassen: *Die Masse über dem Wasserbad so lange rühren, bis sie cremig und dickflüssig ist. Das dauert 10 bis 12 Minuten. Die Butter erst einrühren, wenn die Schüssel vom Wasserbad genommen wurde.*

Waffeln mit Himbeerquark

Für 2 Personen
Zubereitung: ca. 25 Min.
Pro Portion: ca. 435 kcal,
23 g E, 34 g F, 7 g KH

Für die Waffeln:
3 Eier (M)
75 g Sahne
3 EL Flohsamenschalenpulver
Salz

Für den Quark:
50 g Himbeeren
200 g Quark (40 % Fett i. Tr.)
50 g griechischer Joghurt

Außerdem:
Waffeleisen
weiche Butter zum Fetten

1. Eier, Sahne, Flohsamenschalenpulver, 1 Prise Salz und 150 ml kaltes Wasser mit dem Rührbesen zu einem glatten Teig verrühren. Den Teig ca. 5 Min. quellen lassen.

2. Inzwischen die Himbeeren verlesen, behutsam waschen und trocken tupfen. In einer Schüssel mit einer Gabel etwas zerdrücken. Quark und Joghurt dazugeben und alles cremig verrühren.

3. Das Waffeleisen auf mittlere Stufe aufheizen. Dann die Backflächen mit einem Backpinsel dünn mit der Butter einfetten. Ein Viertel des Teiges in das Waffeleisen geben und in 3–4 Min. hellbraun und knusprig backen. Herausnehmen und auf einem Teller abgedeckt warm halten. Aus dem übrigen Teig auf die gleiche Weise drei weitere Waffeln backen. Auf zwei Tellern anrichten und mit dem Quark servieren.

KEIN WAFFELEISEN?

Macht nichts, der Teig lässt sich auch als Pfannkuchen in der Pfanne zubereiten. Dafür 1 EL Butter in einer großen beschichteten Pfanne bei mittlerer Hitze erhitzen. Für einen kleinen Pfannkuchen je 1 EL des Teiges hineingeben und 2 Min. backen, dann mit einem Pfannenwender wenden und weitere 2 Min. backen. Der Teig reicht für ca. acht kleine Pfannkuchen, zu denen der Himbeerquark genauso gut schmeckt wie zu den Waffeln.

Mandel-Pancakes mit Sauerkirschkompott

Für 2 Personen
Zubereitung: ca. 15 Min.
Quellen: ca. 10 Min.
Pro Portion: ca. 600 kcal, 19 g E, 53 g F, 10 g KH

Für das Kompott:
100 g Sauerkirschen (ersatzweise aufgetaute TK-Sauerkirschen)
½ Zitrone
½ TL gemahlener Kardamom
½ TL Zimtpulver
1 EL Chia-Samen

Für die Pancakes:
3 Eier (M) | 50 g Sahne
1 EL Mandelmus
50 g gemahlene Mandeln
1 EL Flohsamenschalenpulver
½ TL gemahlene Vanille
3 EL Kokosöl

1. Kirschen waschen, entstielen und entkernen. Für die Pancakes Eier, Sahne, Mandelmus, gemahlene Mandeln, Flohsamenschalenpulver und die gemahlene Vanille mit 100 ml Wasser in eine Schüssel geben und zügig mit dem Rührbesen zu einem glatten Teig verrühren. Den Teig ca. 10 Min. quellen lassen.

2. Inzwischen die Zitrone auspressen und 1 EL Zitronensaft abmessen. Die Sauerkirschen mit 1 EL Wasser und dem abgemessenen Zitronensaft in einen Topf geben, kurz aufkochen lassen und dann von der Platte ziehen. Kardamom, Zimt und Chia-Samen einrühren und ca. 10 Min. quellen lassen.

3. In einer großen beschichteten Pfanne das Kokosöl erhitzen. Je 1–2 EL Teig pro Pancake in die Pfanne setzen und bei mittlerer Hitze in 1–2 Min. zugedeckt backen, bis die Unterseite goldbraun ist. Wenden und auf der anderen Seite in 1–2 Min. bräunen.

4. Insgesamt acht Pancakes backen, auf Tellern anrichten und mit dem Kirschkompott servieren.

Kokos-Pancakes mit Heidelbeerjoghurt

Für 2 Personen
Zubereitung: ca. 25 Min.
Quellen: ca. 10 Min.
Pro Portion: ca. 635 kcal, 16 g E, 59 g F, 9 g KH

Für die Pancakes:
3 Eier (M)
80 g Crème fraîche
2 EL Kokosraspel
2 TL Flohsamenschalenpulver
3 EL Kokosöl

Für den Joghurt:
50 g Heidelbeeren
200 g Joghurt
1 EL Kokosmus
½ TL gemahlene Vanille
Birkenzucker (Xylit, nach Belieben)

1. Eier, Crème fraîche, Kokosraspel und Flohsamenschalenpulver zügig mit dem Rührbesen zu einem glatten Teig verrühren. Ca. 10 Min. quellen lassen.

2. Inzwischen für den Joghurt die Heidelbeeren waschen, abtropfen lassen und mit einer Gabel etwas zerdrücken. Joghurt, Kokosmus und gemahlene Vanille dazugeben, verrühren und kalt stellen. Bei Bedarf mit Birkenzucker abschmecken.

3. In einer großen beschichteten Pfanne das Kokosöl erhitzen. Je 1–2 EL Teig pro Pancake in die Pfanne geben und bei mittlerer Hitze ca. 2 Min. zugedeckt backen, bis die Unterseite goldbraun ist. Wenden und auf der anderen Seite in 1–2 Min. bräunen.

4. Insgesamt acht Pancakes backen, auf Tellern anrichten und mit dem Heidelbeerjoghurt servieren.

WARM ODER KALT

Jeder, wie er es mag. Die Pancakes lassen sich gut schon am Vorabend zubereiten und schmecken am nächsten Morgen auch kalt. Wer das nicht mag, kann sie morgens frisch backen oder kurz in der Mikrowelle oder im Backofen aufwärmen.

Quarkfladen mit Schokocreme

Für 2 Personen
Zubereitung: ca. 20 Min.
Backen: ca. 30 Min.
Pro Portion: ca. 475 kcal, 25 g E, 39 g F, 4 g KH

Für die Quarkfladen:
100 g Magerquark
2 Eier (M)
Salz
2 EL Mandelmehl
1 TL Flohsamenschalenpulver

Für die Schokocreme:
1 Avocado
1 EL Sahne
1 EL Kakaopulver (schwach entölt)
Birkenzucker (Xylit, nach Belieben)

1. Den Backofen auf 150° vorheizen. Ein Backblech mit Backpapier belegen. Den Quark in einem sauberen Geschirrtuch gründlich auspressen. Die Eier trennen und die Eiweiße mit 1 Prise Salz steif schlagen. Den Quark zügig mit Eigelben, Mandelmehl und Flohsamenschalenpulver verrühren. Dann den Eischnee behutsam unter den Quark heben.

2. Mit einem Esslöffel vier gleich große Portionen der Quarkmasse auf das Backblech setzen und etwas flach drücken. Im Ofen (Mitte) 25–30 Min. backen. Dann im Ofen auskühlen lassen.

3. Inzwischen die Schokocreme zubereiten. Dafür die Avocado halbieren, den Kern entfernen und das Fruchtfleisch aus der Schale lösen. Mit Sahne, Kakaopulver und bei Bedarf mit dem Birkenzucker in einen hohen Rührbecher geben. Mit dem Pürierstab fein pürieren.

4. Die ausgekühlten Quarkfladen auf zwei Tellern verteilen, mit der Schokocreme bestreichen und servieren.

QUARKBRÖTCHEN

Die eiweißreichen Quarkfladen sind auch ein toller Brötchenersatz. Weil ihr Eigengeschmack weder süß noch pikant ist, schmecken sie nicht nur mit leicht süßen Belägen und Aufstrichen wie der Schokocreme. Auch pikant belegt, zum Beispiel mit einer Scheibe Wurst oder Käse, sind sie sehr lecker.

Weißer Kaffeesmoothie

Für 2 Personen
Zubereitung: ca. 10 Min.
Pro Portion: ca. 490 kcal, 18 g E, 43 g F, 9 g KH

150 ml kalter Kaffee
150 ml Mandeldrink (ungesüßt)
100 g Schmand
50 g geschälte Mandeln
1 EL Kokosmus
3 Eier (M)
½ TL gemahlene Vanille
Birkenzucker (Xylit, nach Belieben)
4 Eiswürfel

Für die Garnitur:
Kakaopulver (schwach entölt)

1. Den Kaffee mit Mandeldrink, Schmand, Mandeln, Kokosmus, Eiern und gemahlener Vanille in einen hohen Rührbecher geben. Mit dem Pürierstab pürieren, bis die Mandeln fein gemixt sind und sich alle Zutaten miteinander verbunden haben. Bei Bedarf mit Birkenzucker abschmecken.

2. In zwei große Gläser je 2 Eiswürfel geben und mit dem Kaffeesmoothie aufgießen. Mit etwas Kakaopulver garnieren und sofort servieren.

Frischkäse-Smoothie mit Erdbeeren

Für 2 Personen
Zubereitung: ca. 15 Min.
Pro Portion: ca. 465 kcal, 14 g E, 41 g F, 8 g KH

150 g Erdbeeren
140 g Doppelrahmfrischkäse
180 g Kokosmilch (aus der Dose)
2 Eier (M)
½ TL gemahlene Vanille
Birkenzucker (Xylit, nach Belieben)

1. Die Erdbeeren waschen, die Stielansätze entfernen und die Erdbeeren je nach Größe halbieren oder vierteln. 4 Erdbeerhälften als Garnitur beiseitelegen.

2. Die restlichen Erdbeeren zusammen mit Frischkäse, Kokosmilch, Eiern und der gemahlenen Vanille in einen hohen Rührbecher geben und mit dem Pürierstab fein pürieren. Bei Bedarf mit Birkenzucker abschmecken.

3. Den Smoothie auf zwei große Gläser verteilen, mit den Erdbeerhälften garnieren und servieren.

Avocado-Smoothie mit Kardamom

Für 2 Personen
Zubereitung: ca. 15 Min.
Pro Portion: ca. 525 kcal, 12 g E, 50 g F, 5 g KH

100 g Himbeeren
1 Avocado
2 Eier (M)
100 g Kokosmilch (aus der Dose)
50 g Sahne
½ TL gemahlene Vanille
½ TL gemahlener Kardamom
Birkenzucker (Xylit, nach Belieben)
6 Eiswürfel

1. Die Himbeeren verlesen, behutsam waschen und trocken tupfen. 4 schöne Himbeeren als Garnitur beiseitelegen. Die Avocado halbieren, den Kern entfernen und das Fruchtfleisch herauslösen. Das Avocadofruchtfleisch in einen hohen Rührbecher geben.

2. Eier, Kokosmilch, Sahne, Vanille, Kardamom und die Himbeeren dazugeben und mit dem Pürierstab fein pürieren. 100–150 ml Wasser je nach gewünschter Konsistenz dazugeben und den Smoothie erneut pürieren. Bei Bedarf mit Birkenzucker abschmecken.

3. In zwei große Gläser je 3 Eiswürfel geben und mit dem Smoothie aufgießen. Mit den beiseitegelegten Himbeeren garnieren und servieren.

Heidelbeer-Lakritz-Smoothie

Für 2 Personen
Zubereitung: ca. 10 Min.
Pro Portion: ca. 630 kcal, 9 g E, 58 g F, 16 g KH

150 g Heidelbeeren
300 g saure Sahne
150 g griechischer Joghurt
3 EL Kokosmus
1 TL Lakritzpulver
1 TL gemahlene Vanille
Birkenzucker (Xylit, nach Belieben)

1. Die Heidelbeeren waschen und abtropfen lassen. 4 schöne Heidelbeeren als Garnitur beiseitelegen.

2. Die restlichen Heidelbeeren mit saurer Sahne, Joghurt und Kokosmus in einen hohen Rührbecher geben. Mit Lakritzpulver und Vanille würzen und mit dem Pürierstab fein pürieren. Bei Bedarf mit Birkenzucker abschmecken.

3. Auf zwei große Gläser verteilen, mit den beiseitegelegten Heidelbeeren garnieren und servieren.

Knusper-Nuss-Müsli

Für 2 Personen
Zubereitung: ca. 15 Min.
Backen: ca. 10 Min.
Pro Portion: ca. 445 kcal, 22 g E, 36 g F, 8 g KH

Für das Müsli:
2 EL Haselnusskerne
1 EL Erdnusskerne (gesalzen)
1 EL Mandelblättchen
1 EL Kokoschips | 1 EL Kürbiskerne
1 EL Sonnenblumenkerne
1 TL Kokosöl
1 Msp. Zimtpulver
½ TL gemahlener Kardamom

Für den Quark:
200 g Quark (20 % Fett i. Tr.)
½ TL gemahlene Vanille
Birkenzucker (Xylit, nach Belieben)

1. Den Backofen auf 160° vorheizen. Ein Backblech mit Backpapier belegen. Haselnüsse und Erdnüsse mit einem Messer grob hacken. Mit Mandelblättchen, Kokoschips, Kürbiskernen und Sonnenblumenkernen in eine Schüssel geben. Kokosöl, Zimt und Kardamom dazugeben und alles mit den Händen gut vermischen.

2. Gleichmäßig auf dem Backblech verteilen und in den Ofen (Mitte) schieben. 8–10 Min. backen. Nach der Hälfte der Backzeit durchrühren, damit Nüsse und Kerne gleichmäßig rösten.

3. Inzwischen den Quark mit der Vanille glatt rühren. Bei Bedarf mit Birkenzucker abschmecken. Den Quark auf zwei Müslischälchen verteilen. Das Müsli aus dem Ofen nehmen, etwas abkühlen lassen, den Quark damit garnieren und servieren.

MÜSLI AUF VORRAT

Hier lohnt es sich, einen Vorrat anzulegen, denn das Müsli hält sich in einem Schraubglas gelagert bis zu drei Wochen. Laden Sie aber nicht zu große Mengen auf einmal zum Backen aufs Blech, sonst wird das Müsli nicht knusprig. Immer nur so viel in einem Schwung backen, wie locker ausgebreitet darauf passt.

Kokosmilchbrötchen

Für 6 Brötchen
Zubereitung: ca. 20 Min.
Backen: ca. 25 Min.
Pro Stück: ca. 175 kcal, 6 g E, 15 g F, 1 g KH

50 g Kokosöl
4 Eier (M)
100 g Kokosmilch (aus der Dose)
60 g Kartoffelfasern
1 EL Flohsamenschalenpulver
1 geh. TL Backpulver
Salz

1. Den Backofen auf 175° vorheizen. Ein Backblech mit Backpapier belegen. Das Kokosöl in einem kleinen Topf oder in der Mikrowelle schmelzen. Dann mit den Eiern und der Kokosmilch in einer kleinen Schüssel glatt rühren.

2. Kartoffelfasern, Flohsamenschalenpulver, Backpulver und 1 Prise Salz in einer zweiten kleinen Schüssel vermischen. Zur Eiermischung geben und zügig mit den Händen zu einem geschmeidigen Teig verkneten.

3. Ca. 10 Min. quellen lassen, dann mit angefeuchteten Händen sechs Brötchen formen und auf dem Blech verteilen. Das Blech in den Ofen (Mitte) schieben und die Brötchen 20–25 Min. backen.

4. Herausnehmen, mit dem Backpapier vom Blech ziehen und auf einem Kuchengitter vollständig auskühlen lassen.

SAHNEBRÖTCHEN

Sie mögen den Kokosgeschmack nicht so gerne? Das sollte Sie nicht daran hindern, sahnig-softe Brötchen zum Frühstück zu genießen. Sie verwenden dann statt der Kokosmilch einfach die gleiche Menge Sahne, die Zubereitung bleibt die gleiche.

Gefülltes Käseomelett

Für 2 Personen
Zubereitung: ca. 25 Min.
Pro Portion: ca. 400 kcal,
29 g E, 31 g F, 1 g KH

50 g Gouda
50 g Parmesan
3 Eier (M)
2 EL Sahne
Salz | Pfeffer
2 TL Butter
4 Stängel Schnittlauch
6 Scheiben Salami
2 Stängel Koriander

1. Den Gouda und den Parmesan grob reiben und gut miteinander vermischen. Die Eier und die Sahne mit einer Gabel verquirlen und mit Salz und Pfeffer würzen.

2. In einer beschichteten Pfanne 1 TL Butter bei mittlerer Hitze schmelzen. Die Hälfte der Käsemischung gleichmäßig flach in der Pfanne verteilen und den Käse in der zugedeckten Pfanne ca. 1 Min. schmelzen lassen.

3. Die Hälfte der Eiermasse in die Pfanne auf den Käse geben und durch Schwenken darin verteilen. Die Pfanne zudecken und die Eiermasse bei mittlerer Hitze ca. 2 Min. backen. Den Schnittlauch waschen, trocken schütteln und in Röllchen schneiden.

4. Eine Hälfte des Omeletts mit 3 Scheiben Salami belegen und mit einem Pfannenwender behutsam die andere Omelethälfte darüberschlagen. Die Pfanne wieder zudecken und das Omelett 2 Min. backen. Das Omelett wenden und auch die andere Seite 2 Min. backen, bis die Eiermasse vollständig gestockt ist.

5. Das Omelett auf einen Teller gleiten lassen und mit Alufolie bedeckt warm halten. Aus den restlichen Zutaten das zweite Omelett backen. Beide Omeletts mit Schnittlauchröllchen bestreuen und mit dem Koriander garniert servieren.

FÜLLUNGSVIELFALT

Diese Zutaten als Füllung sorgen für reichlich Abwechslung auf dem Frühstücksbrettchen: Käsesorten wie Frischkäse, Feta, Mozzarella oder aber ein wenig Crème fraîche, klein geschnittene Gemüse wie Kirschtomaten, Schalotten, rote Zwiebeln oder Paprika. Dazu würzige, frische Kräuter wie Basilikum, Oregano, glatte Petersilie, Thymian oder Salbei. Im Kühlschrank findet sich noch ein Rest geräucherter Schinken, Parmaschinken, geräucherte Putenbrust oder gar Frühstücksspeck? Prima, einfach immer rein damit ins Omelett!

Käse-Schinken-Omelett

Für 2 Personen
Zubereitung: ca. 15 Min.
Pro Portion: ca. 495 kcal,
31 g E, 40 g F, 3 g KH

2 Tomaten
40 g Gouda
2 Scheiben Kochschinken
4 Eier (M)
40 g Sahne
Salz | Pfeffer
8 TL Butter

1. Die Tomaten waschen, die Stielansätze entfernen und die Tomaten in ca. ½ cm dicke Scheiben schneiden. Den Gouda grob reiben und den Schinken klein schneiden.

2. Die Eier mit der Sahne glatt rühren und mit Salz und Pfeffer würzen. 4 TL Butter in einer beschichteten Pfanne bei mittlerer Hitze schmelzen. Die Hälfte der Eiermasse hineingeben und durch Schwenken darin verteilen. Die Pfanne zudecken und die Eiermasse ca. 2 Min. backen.

3. Auf eine Omeletthälfte jeweils die Hälfte der Tomatenscheiben, des Käses und des Schinkens geben. Die andere Omeletthälfte mit einem Pfannenwender behutsam darüberschlagen. Die Pfanne wieder zudecken und das Omelett ca. 1 Min. backen. Dann das Omelett wenden und von der anderen Seite 1 weitere Min. backen, bis die Eiermasse vollständig gestockt und der Käse im Inneren geschmolzen ist.

4. Das gefüllte Omelett auf einen Teller gleiten lassen und mit Alufolie bedeckt warm halten. Aus den restlichen Zutaten auf gleiche Weise das zweite Omelett backen. Die Omeletts servieren.

Würziges Spinatomelett

Für 2 Personen
Zubereitung: ca. 15 Min.
Pro Portion: ca. 435 kcal,
21 g E, 38 g F, 2 g KH

150 g Blattspinat (ersatzweise TK-Blattspinat)
4 Eier (M)
40 g Sahne
Salz | Pfeffer
frisch geriebene Muskatnuss
2 TL Butter
80 g Blauschimmelkäse

1. Den frischen Spinat verlesen, gründlich waschen und abtropfen lassen. TK-Spinat nach Packungsanweisung auftauen, in einem Sieb abtropfen lassen und gut ausdrücken. Spinat mit Eiern, Sahne, Salz, Pfeffer und Muskat in einen hohen Rührbecher geben und mit dem Pürierstab zu einer feinen Masse pürieren.

2. In einer beschichteten Pfanne 1 TL Butter bei mittlerer Hitze schmelzen. Die Hälfte der Eiermasse hineingeben und durch Schwenken darin verteilen. Die Pfanne zudecken und die Eiermasse ca. 2 Min. backen.

3. Auf eine Omeletthälfte die Hälfte des Blauschimmelkäses bröckeln. Die andere Omeletthälfte mit einem Pfannenwender behutsam darüberschlagen und das Omelett ca. 1 Min. zugedeckt backen. Dann wenden und von der anderen Seite 1 weitere Min. zugedeckt backen, bis die Spinatmasse gestockt und der Käse im Inneren geschmolzen ist.

4. Das Omelett auf einen Teller gleiten lassen und mit Alufolie bedeckt warm halten. Aus den restlichen Zutaten auf gleiche Weise das zweite Omelett backen. Beide Omeletts servieren.

Ofen-Omelett mit Rahmpfifferlingen

Für 2 Personen
Zubereitung: ca. 20 Min.
Pro Portion: ca. 455 kcal,
23 g E, 39 g F, 3 g KH

150 g Pfifferlinge
3 Stängel Petersilie (ersatzweise 1 EL TK-Petersilie)
4 Eier (M)
150 g Sahne
Salz | Pfeffer
frisch geriebene Muskatnuss
1 TL Butter
3 Scheiben Kochschinken

1. Ein hohes Backblech bis zum Rand mit Backpapier auslegen, den Ofen auf 200° vorheizen. Die Pfifferlinge vorsichtig sauber bürsten. Schadhafte Stellen an den Pfifferlingen entfernen und sehr große Pilze halbieren oder vierteln. Die Petersilie waschen, trocken schütteln und fein hacken.

2. Eier, 100 g Sahne und die gehackte Petersilie mit dem Rührbesen glatt rühren. Mit Salz, Pfeffer und Muskat würzen. Die Eiermasse auf das Backblech gießen und das Blech schwenken, damit sie sich gleichmäßig auf dem Backblech verteilt. In den Ofen (Mitte) schieben und ca. 10 Min. backen, bis die Eiermasse vollständig gestockt ist und leicht zu bräunen beginnt.

3. Inzwischen die Butter in einer Pfanne bei großer Hitze erhitzen und die Pilze darin 2 Min. braten. Währenddessen den Kochschinken würfeln, dann zu den Pilzen in die Pfanne geben und 1 Min. mit den Pilzen mitbraten.

4. Die restliche Sahne aufgießen, aufkochen lassen und ca. 1 Min. kochen, bis sie zu einer cremig-sämigen Sauce eingekocht ist. Mit Salz, Pfeffer und Muskat abschmecken.

5. Das Omelett aus dem Ofen nehmen und mit dem Backpapier auf ein Küchenbrett ziehen. Mithilfe eines Pfannenwenders vom Backpapier lösen und zu einer Rolle aufrollen. Schräg in sechs gleich große Stücke schneiden, auf zwei Tellern verteilen und mit den Rahmpfifferlingen servieren.

SO SCHMECKT'S AUCH

Anstelle der Pfifferlinge können Sie natürlich auch jede andere Pilzsorte verwenden. Champignons, Kräuterseitlinge, Shiitake- oder Austernpilze sind das ganze Jahr über an der Gemüsetheke erhältlich. Aber vielleicht haben Sie ja beim Pilzesammeln reiche Beute gemacht und probieren mit diesem Rezept aus, was sich da Leckeres in Ihrem Körbchen befindet?

Frühlingszwiebel-Quark-Flammkuchen

Für 2 Personen
Zubereitung: ca. 20 Min.
Backen: ca. 35 Min.
Pro Portion: ca. 585 kcal, 40 g E, 45 g F, 4 g KH

150 g Gouda
100 g Quark (20 % Fett i. Tr.)
2 Eier (M)
1 EL Kokosmehl
Salz
2 Frühlingszwiebeln
5 Scheiben Frühstücksspeck
80 g Crème fraîche

1. Den Backofen auf 170° vorheizen. Ein Backblech mit Backpapier belegen. Den Gouda grob reiben. Quark, Eier, Kokosmehl, 1 Prise Salz und 50 g Gouda verrühren. Auf das Backblech geben und zu einem Quadrat mit ca. 20 cm Kantenlänge verstreichen. In den Ofen (Mitte) schieben und 15 Min. backen.

2. Inzwischen die Frühlingszwiebeln putzen, waschen und in feine Ringe schneiden. Den Frühstücksspeck klein schneiden.

3. Das Backblech aus dem Ofen nehmen (den Ofen aber nicht ausschalten), den Quarkboden mit Crème fraîche bestreichen und gleichmäßig mit Frühstücksspeck, Frühlingszwiebeln und dem restlichen Käse bestreuen.

4. Weitere 15–20 Min. im Ofen backen, bis der Käse schön goldbraun ist. Herausnehmen, in vier gleich große Stücke schneiden, auf zwei Tellern anrichten und servieren.

SO SCHMECKT'S AUCH

Mit in dünne Streifen geschnittenen roten, gelben oder grünen Paprika, mit vorgegarten kleinen Brokkoliröschen oder mit in Scheiben geschnittenen Champignons.

Cracker mit Radieschen-Hüttenkäse

Für 2 Personen
Zubereitung: ca. 20 Min.
Backen: ca. 25 Min.
Pro Portion: ca. 485 kcal, 38 g E, 31 g F, 5 g KH

Für die Cracker:
80 g Leinsamen | 1 Ei (M)
50 g Gouda
1 EL Sesam
1 EL Sonnenblumenkerne
Salz | Pfeffer

Für den Hüttenkäse:
6 Radieschen
2 Stängel Dill (ersatzweise 1 TL gehackter TK-Dill)
Salz | Pfeffer
200 g körniger Frischkäse (Hüttenkäse)

1. Die Leinsamen mit dem Ei und 2 EL lauwarmem Wasser verquirlen und 15 Min. quellen lassen. Den Backofen auf 150° vorheizen. Ein Backblech mit Backpapier belegen.

2. Inzwischen den Gouda grob reiben. Zusammen mit Sesam und Sonnenblumenkernen zu den gequollenen Leinsamen geben und verrühren. Mit je 1 Prise Salz und Pfeffer würzen.

3. Die Masse mit einem Esslöffel in acht gleich großen Portionen mit etwas Abstand zueinander auf das Backblech setzen. Die Häufchen platt drücken. Das Blech in den Ofen (Mitte) schieben und die Cracker insgesamt 25 Min. backen. Nach 15 Min. die Cracker einmal wenden.

4. Inzwischen die Radieschen waschen, putzen und grob raspeln. Den Dill waschen, trocken schütteln, die Blättchen abzupfen und fein hacken. Die Radieschen mit dem körnigen Frischkäse verrühren und mit Salz, Pfeffer und dem Dill abschmecken.

5. Die fertigen Cracker aus dem Ofen nehmen, mit dem Backpapier vom Blech ziehen und auf einem Kuchengitter vollständig auskühlen lassen. Mit dem Radieschen-Hüttenkäse auf zwei Tellern anrichten und servieren.

Avocado mit Räucherlachsmus

Für 2 Personen
Zubereitung: ca. 20 Min.
Pro Portion: ca. 490 kcal, 19 g E, 44 g F, 3 g KH

150 g geräucherter Lachs
½ Bio-Zitrone
4 Stängel Dill (ersatzweise 1 EL gehackter TK-Dill)
50 g Doppelrahmfrischkäse
80 g griechischer Joghurt
1 Msp. Flohsamenschalenpulver
Salz | Pfeffer
1 Avocado

1. Den Lachs etwas klein schneiden und in einen hohen Rührbecher geben. Die Zitrone heiß abwaschen, trocken reiben, die Schale fein abreiben und den Saft auspressen. Den Dill waschen, trocken schütteln, die Blättchen abzupfen und fein hacken.

2. 1 EL des Zitronensaftes, abgeriebene Zitronenschale, Frischkäse, Joghurt, Flohsamenschalenpulver und Dill zum Lachs geben und mit dem Pürierstab zu einem feinen Mus pürieren. Mit Salz und Pfeffer abschmecken. Alternativ können die Zutaten auch im Blitzhacker püriert werden. Das Lachsmus 5 Min. kalt stellen.

3. Inzwischen die Avocado halbieren, den Kern und die Schale entfernen. Die Avocadohälften längs in ca. 4 mm dicke Scheiben schneiden und fächerförmig auf zwei Tellern anrichten. Die Schnittflächen mit dem restlichen Zitronensaft beträufeln oder bepinseln, damit sie sich nicht braun färben.

4. Mit einem angefeuchteten Löffel Nocken von dem Lachsmus abstechen, neben die Avocado auf die Teller setzen und servieren.

Lachsplätzchen mit Frühlingszwiebeldip

Für 2 Personen
Zubereitung: ca. 25 Min.
Pro Portion: ca. 390 kcal, 18 g E, 34 g F, 3 g KH

Für die Plätzchen:
100 g geräucherter Lachs
¼ Zitrone
2 Stängel Dill
2 Eier (M)
30 g Sahne
1 EL Flohsamenschalenpulver
Salz | Pfeffer
3 TL Kokosöl

Für den Dip:
3 Frühlingszwiebeln
20 g Mayonnaise
50 g Schmand
½ TL edelsüßes Paprikapulver
Salz | Pfeffer

1. Lachs grob würfeln, Zitrone auspressen. Dill waschen, trocken schütteln und Blätter abzupfen. Lachs, Zitronensaft, Eier, Sahne und Dill in einem hohen Rührbecher mit dem Pürierstab sehr fein mixen. Flohsamenschalenpulver zügig unterheben, mit Salz und Pfeffer abschmecken und ca. 10 Min. quellen lassen.

2. Inzwischen die Frühlingszwiebeln putzen, gründlich waschen und quer in feine Ringe schneiden. Mit Mayonnaise, Schmand und Paprikapulver verrühren. Mit Salz und Pfeffer abschmecken.

3. Das Kokosöl in einer beschichteten Pfanne bei mittlerer Hitze erhitzen. Vier Plätzchen aus jeweils 1 ½ EL der Masse in die Pfanne setzen und von beiden Seiten je 2–3 Min. backen. Die Lachsplätzchen auf zwei Tellern verteilen und mit dem Dip servieren.

GURKENSALAT

Verwandeln Sie den Dip in einen Gurkensalat, der passt nämlich auch ganz wunderbar zu den Räucherlachsplätzchen. Tauschen Sie dafür die Frühlingszwiebel gegen ½ geschälte und in dünne Scheiben geschnittene Salatgurke aus und geben Sie noch 1 EL Weißweinessig dazu. Fertig ist der schnelle Gurkensalat.

Herzhaftes Mandelbrot

Für 1 Brot (ca. 15 Scheiben)
Zubereitung: ca. 15 Min.
Backen: ca. 45 Min.
Pro Scheibe: ca. 130 kcal, 6 g E, 11 g F, 2 g KH

250 g griechischer Joghurt
6 Eier (M)
Salz
40 g geschroteter Leinsamen
50 g Sonnenblumenkerne
120 g gemahlene Mandeln
2 EL Flohsamenschalenpulver
2 TL Backpulver

Außerdem:
1 Kastenform
Kokosöl zum Fetten

1. Den Backofen auf 180° vorheizen. Die Kastenform mit Kokosöl fetten. Joghurt, Eier und 1 Prise Salz in einer Schüssel glatt rühren. Dann Leinsamen, Sonnenblumenkerne und Mandeln dazugeben und gut unterrühren.

2. Zum Schluss Flohsamenschalenpulver und Backpulver dazugeben und zügig mit dem Rührbesen unterrühren. Die Teigmasse 10 Min. quellen lassen, dann in die gefettete Kastenform füllen und in den Ofen (Mitte) schieben.

3. Den Teig ca. 45 Min. backen. Herausnehmen, kurz abkühlen lassen und das Brot vorsichtig aus der Form stürzen. Auf einem Kuchengitter vollständig auskühlen lassen.

SO SCHMECKT'S AUCH

Geben Sie dem Teig einen unverwechselbaren Geschmack, den Sie immer wieder neu variieren können. Dafür eignen sich z. B. Fenchelsamen, Kümmel, getrockneter Thymian oder Rosmarin. Jeweils 1 TL ist ausreichend. Ein Schuss Rotweinessig verleiht dem Brot eine angenehme Säure.

Möhrenbrot

Für 1 Brot (ca. 15 Scheiben)
Zubereitung: ca. 15 Min.
Backen: ca. 25 Min.
Pro Scheibe: ca. 25 kcal, 2 g E, 1 g F, 1 g KH

250 g Möhren
2 Eier (M)
3 EL Kartoffelfasern
1 EL Flohsamenschalenpulver
1 EL Mandelmehl
1 geh. TL Backpulver
Salz

1. Die Möhren schälen und fein reiben. Ein Backblech mit Backpapier belegen. Den Backofen auf 200° vorheizen.

2. Die Möhrenraspel mit den Eiern verrühren. Kartoffelfasern, Flohsamenschalenpulver, Mandelmehl und Backpulver in einer weiteren Schüssel vermischen. Zu den Möhren und Eiern in die Schüssel geben. Mit 1 Prise Salz würzen, zügig mit den Händen zu einem Teig verkneten und 5 Min. quellen lassen.

3. Aus dem Teig mit den Händen einen ca. 20 cm langen Brotlaib mit einem Ø von 5 cm formen und auf das Backblech legen. In den Ofen (Mitte) schieben und ca. 25 Min. backen. Herausnehmen, mit dem Backpapier vom Blech ziehen und auf einem Kuchengitter vollständig auskühlen lassen.

ZUCCHINIBROT

Probieren Sie das Brot mit der gleichen Menge Zucchini statt der Möhren aus. Es wird damit ebenso saftig. Raspeln Sie die Zucchini dafür grob und geben Sie sie in ein sauberes Geschirrtuch, das Sie zusammendrehen, um möglichst viel Flüssigkeit auszupressen. Dann verwenden Sie die Raspel wie die Möhrenraspel.

Leinsamen-Knäckebrot

Für 10 Stück
Zubereitung: ca. 15 Min.
Quellen: ca. 10 Min.
Backen: ca. 50 Min.
Pro Stück: ca. 65 kcal,
5 g E, 4 g F, 0 g KH

1 Ei (M)
100 g geschroteter Leinsamen
2 EL Mandelmehl
Salz

1. Das Ei mit 200 ml lauwarmem Wasser in einen hohen Rührbecher geben. Leinsamen, Mandelmehl und 1 Prise Salz dazugeben und mit dem Pürierstab mixen, bis sich alle Zutaten miteinander verbunden haben. Ca. 10 Min. quellen lassen.

2. Ein Backblech mit Backpapier belegen. Den Teig mit einem Teigschaber auf dem Backblech 3–4 mm dick zu einem Rechteck von ca. 30 × 28 cm verstreichen.

3. Das Blech in den Backofen (Mitte) schieben, den Backofen auf 140° (Umluft) heizen und das Knäckebrot ca. 50 Min. backen.

4. Herausnehmen und sofort in zehn gleich große Stücke (ca. 6 × 14 cm) schneiden. Den Backofen ausstellen, das Blech wieder in den ausgeschalteten Ofen schieben und das Knäckebrot bei angelehnter Ofenklappe darin vollständig auskühlen lassen.

Hüttenkäse-Fladenbrot

Für 1 Fladenbrot
Zubereitung: ca. 10 Min.
Quellen: ca. 10 Min.
Backen: ca. 25 Min.
Pro Stück: ca. 610 kcal, 58 g E, 33 g F, 16 g KH

250 g körniger Frischkäse (Hüttenkäse)
2 Eier (M)
Salz
2 EL Sesammehl
1 EL Flohsamenschalenpulver
2 TL Sesam

1. Den Backofen auf 175° vorheizen. Ein Backblech mit Backpapier belegen. Körnigen Frischkäse, Eier und 1 Prise Salz mit dem Rührbesen glatt rühren. Sesammehl und Flohsamenschalenpulver dazugeben, zügig unterrühren und 10 Min. quellen lassen.

2. Dann die Masse mittig auf das Backblech geben und mit dem Teigschaber zu einem runden, ca. 2 cm dicken Fladen mit ca. 20 cm Ø formen.

3. Mit dem Sesam bestreuen, in den Backofen (Mitte) schieben und 20–25 Min. backen. Herausnehmen, mit dem Backpapier vom Backblech ziehen und vollständig auskühlen lassen.

MIT KRÄUTERBUTTER ZUM STEAK

Mit klassischer Kräuterbutter bestrichen passt das Brot wunderbar zum gegrillten Steak. Für einen kleinen Vorrat Kräuterbutter die Blätter von 1 Zweig Estragon, 2 Zweigen Thymian, 3 Stängeln Petersilie sowie ½ Bund Kerbel fein hacken. 1 Bund Schnittlauch in feine Röllchen schneiden, 1 Knoblauchzehe schälen und durchpressen. Alles mit 150 g weicher Butter verrühren und mit Salz und Pfeffer abschmecken. Hält sich gut gekühlt 2 Wochen.

Mittagessen

Matt auf den Sessel sinken war gestern – jetzt wird nach dem Mittagessen mit neuer Kraft durchgestartet! Diese Gerichte machen satt, schmecken lecker und belasten dabei nicht. Wer mittags wenig Zeit hat, kann sie auch am Vorabend vorbereiten, am nächsten Tag einfach aufwärmen und dann völlig unbeschwert genießen.

Currysuppe mit Garnelenspießen

Für 2 Personen
Zubereitung: ca. 25 Min.
Auftauen: ca. 2 Std.
Pro Portion: ca. 335 kcal, 12 g E, 28 g F, 7 g KH

8 rohe TK-Riesengarnelen (küchenfertig)
1 Möhre | ½ rote Paprika
½ Stange Lauch
2 Stangen Staudensellerie
3 EL Kokosöl
400 ml Gemüsebrühe
2 TL Currypulver
½ Bio-Limette
100 g Kokosmilch (aus der Dose)
50 g Sahne
Salz | Pfeffer

Außerdem:
1 Holz-Schaschlikspieß

1. Die Garnelen nach Packungsanweisung auftauen und kalt abwaschen. Den Schaschlikspieß in der Mitte durchbrechen. Je 4 Garnelen auf einen halbierten Spieß stecken.

2. Die Möhre schälen. Die weißen Trennwände und Kerne aus der halben Paprika entfernen und die Hälfte waschen. Den Lauch putzen und gründlich waschen. Die Selleriestangen waschen. Alles Gemüse in kleine Würfel schneiden.

3. 1 EL Kokosöl in einem Topf bei mittlerer Hitze erhitzen und die Gemüsewürfel ca. 2 Min. anschwitzen. Mit der Gemüsebrühe aufgießen und bei starker Hitze offen aufkochen. Das Currypulver zugeben und die Suppe ca. 8 Min. bei mittlerer Hitze kochen.

4. Limette heiß abwaschen und trocken reiben. Schale fein abreiben und Saft auspressen. Limettensaft und -schale, Kokosmilch und Sahne in die Brühe rühren und mit Salz und Pfeffer abschmecken. Suppe nicht mehr kochen, nur warm halten.

5. In einer kleinen beschichteten Pfanne das restliche Kokosöl bei starker Hitze erhitzen. Die Garnelen mit Salz und Pfeffer würzen und von jeder Seite 1 Min. anbraten. Die Suppe in zwei tiefen Tellern anrichten und mit je 1 Garnelenspieß servieren.

Geflügel-Brokkoli-Suppe

Für 2 Personen
Zubereitung: ca. 20 Min.
Pro Portion: ca. 435 kcal, 22 g E, 36 g F, 5 g KH

150 g Hähnchenbrustfilets
100 g Brokkoli
50 g Champignons
2 Stangen Staudensellerie
4 TL Butterschmalz
300 ml Geflügelbrühe
1 milde rote Chilischote
¼ TL rosenscharfes Paprikapulver
½ TL gemahlener Ingwer
½ TL gemahlene Kurkuma
100 g Sahne
2 EL Doppelrahmfrischkäse
Salz | Pfeffer

1. Die Hähnchenbrust waschen, trocken tupfen und in ca. 1 cm große Würfel schneiden. Den Brokkoli waschen, in kleine Röschen teilen und je nach Größe nochmals halbieren oder vierteln. Die Champignons vorsichtig sauber bürsten und vierteln. Den Sellerie waschen, längs halbieren und würfeln.

2. Das Butterschmalz in einem Topf bei mittlerer Hitze erhitzen und das Gemüse darin ca. 2 Min. anschwitzen. Mit der Geflügelbrühe ablöschen, die Hähnchenbrust dazugeben und die Brühe aufkochen lassen. Bei mittlerer Hitze offen ca. 10 Min. kochen.

3. Die Chili waschen, in feine Ringe schneiden und in die Brühe geben. Die Suppe mit Paprikapulver, gemahlenem Ingwer und Kurkuma würzen. Sahne und Frischkäse einrühren, die Suppe dann nicht mehr kochen lassen. Mit Salz und Pfeffer abschmecken, in zwei tiefen Tellern anrichten und servieren.

SCHARFE FISCHSUPPE

Dafür verwenden Sie 200 g Rotbarsch- oder Seelachsfilet statt der Hähnchenbrust. Tauschen Sie dann aber die Geflügelbrühe durch neutralere Gemüsebrühe aus.

Ofengarnelen mit Tomaten und Champignons

Für 2 Personen
Zubereitung: ca. 15 Min.
Backen: ca. 15 Min.
Auftauen: ca. 2 Std.
Pro Portion: ca. 335 kcal,
19 g E, 27 g F, 5 g KH

150 g rohe TK-Riesengarnelen (küchenfertig)
200 g Kirschtomaten
200 g braune Champignons
1 kleiner Zucchino
1 Knoblauchzehe
½ Zitrone
1 EL Harissa (scharfe Würzpaste)
5 EL Kokosöl
Salz | Pfeffer

1. Die Garnelen nach Packungsanweisung auftauen, dann kalt abwaschen und abtropfen lassen. Den Backofen auf 220° vorheizen. Ein Backblech mit Backpapier belegen.

2. Die Tomaten waschen und abtropfen lassen. Die Champignons sauber bürsten und halbieren. Den Zucchino waschen und die Enden abschneiden. Dann den Zucchino vierteln und schräg in ca. 3 mm dicke Scheiben schneiden. Das Gemüse und die Garnelen zusammen in eine Schüssel geben.

3. Die Knoblauchzehe schälen, fein hacken oder durchpressen. Die Zitrone auspressen und den Saft mit Harissa, Knoblauch und Kokosöl verrühren. Mit Salz und Pfeffer abschmecken und zu dem Gemüse geben. Alles gründlich mit den Händen vermengen und gleichmäßig auf dem Backblech verteilen. Im Ofen (Mitte) 12 Min. backen. Auf zwei Tellern anrichten und servieren.

MIT PAPRIKA UND AUBERGINE

Verwenden Sie 100 g gelbe Paprika anstelle der Kirschtomaten und ½ kleine Aubergine als Ersatz für den Zucchino. Die Paprika halbieren, weiße Trennwände und Kerne entfernen und die Hälften waschen. Die Aubergine ebenfalls waschen und das Gemüse in kleine Würfel schneiden. Wie beschrieben zusammen mit den Garnelen marinieren und backen.

Die beiden Exoten Avocado und Papaya gehen hier eine supergesunde Liaison ein. Dazu macht die mit würzigem Speck umhüllte Hähnchenroulade eine gute Figur.

Avocado-Papaya-Salat mit Hähnchenroulade

Für 2 Personen
Zubereitung: ca. 30 Min.
Backen: ca. 30 Min.
Pro Portion: ca. 555 kcal, 23 g E, 46 g F, 4 g KH

Für die Hähnchenroulade:
1 Hähnchenbrust (ca. 150 g)
5 Scheiben Frühstücksspeck
Salz | Pfeffer

Für den Salat:
1 Avocado
½ kleine Papaya
100 g Eisbergsalat
1 rote Chilischote
½ Zitrone
½ TL gemahlener Koriander
½ TL mittelscharfer Senf
3 TL Olivenöl
Salz | Pfeffer

1. Den Backofen auf 200° vorheizen. Die Hähnchenbrust waschen, trocken tupfen und waagerecht in zwei Scheiben schneiden. In einen Gefrierbeutel geben und mit dem Fleischklopfer oder dem Boden eines Topfes flach klopfen, bis die Scheiben 3–4 mm dünn sind.

2. Einen Bogen Backpapier auf die Arbeitsfläche legen und den Speck nebeneinander darauf platzieren, sodass sich die Scheiben etwas überlappen. Die Hähnchenbrust darauflegen und mit Salz und Pfeffer würzen. Frühstücksspeck und Hähnchenbrust mithilfe des Backpapiers aufrollen. Die Enden des Backpapiers wie bei einem Bonbon zusammendrehen, nach innen falten und so auf das Backblech legen, dass sich die Enden nicht mehr öffnen können. In den Ofen (Mitte) schieben und 25–30 Min. backen.

3. Inzwischen die Avocado halbieren, vom Kern befreien, das Fruchtfleisch aus der Schale lösen und in Würfel schneiden. Die Papaya schälen, die Kerne mit einem Löffel herauskratzen und das Fruchtfleisch in Würfel schneiden. Den Eisbergsalat waschen, abtropfen lassen und in feine Streifen schneiden. Die Chili waschen und in sehr feine Würfel schneiden. Die Zitrone auspressen und den Saft mit Chili, Koriander, Senf und Olivenöl zu einer Marinade verrühren. Mit Salz und Pfeffer abschmecken. Avocado, Papaya und Eisbergsalat damit vermischen.

4. Die Hähnchenroulade aus dem Ofen nehmen, auswickeln und auf dem Schneidebrett in sechs gleich große Scheiben schneiden. Den Salat auf zwei Tellern verteilen, die Hähnchenroulade darauf anrichten und servieren.

Roulade vorbereiten: *Die Speckscheiben so auf einem Bogen Backpapier platzieren, dass sie sich leicht überlappen. Dann das Hähnchenfleisch darauflegen und mit Salz und Pfeffer würzen.*

Roulade aufrollen: *Das Backpapier mit Speck und Hähnchenfleisch zu einer Rolle aufrollen. Die Enden wie ein Bonbon zusammendrehen. Dann die Enden nach unten falten und die Rolle so auf das Backblech legen, dass sie sich nicht öffnen kann.*

Roulade öffnen: *Die Hähnchenroulade aus dem Ofen nehmen und vorsichtig aus dem Backpapier ausrollen. Dann die Roulade mit einem scharfen Messer in sechs gleich große Scheiben schneiden.*

Thunfischfrikadellen mit Gurkensalat

Für 2 Personen
Zubereitung: ca. 25 Min.
Pro Stück: ca. 505 kcal,
27 g E, 39 g F, 8 g KH

Für die Frikadellen:
1 Dose Thunfisch (Abtropfgewicht 150 g)
½ Zitrone
1 kleine Möhre
30 g Mayonnaise
2 Eier (M)
1 EL Flohsamenschalenpulver
¼ Bund Dill
Salz | Pfeffer
3 TL Kokosöl

Für den Gurkensalat:
1 Salatgurke
2 EL Schmand
1 EL Weißweinessig
3 TL Olivenöl
1 TL mittelscharfer Senf
Salz | Pfeffer

1. Den Thunfisch durch ein Sieb abgießen und gut abtropfen lassen. Die Zitrone auspressen und 1 EL Saft abmessen. Die Möhre schälen und in ca. 2 cm große Würfel schneiden. Möhre zusammen mit Thunfisch, Mayonnaise, Eiern, Zitronensaft und Flohsamenschalenpulver in einem Blitzhacker fein hacken.

2. Den Dill waschen, trocken schütteln und fein schneiden. Die Hälfte des Dills unter die Thunfischmasse heben, den restlichen Dill für den Gurkensalat verwenden. Die Frikadellenmasse mit Salz und Pfeffer abschmecken und quellen lassen.

3. Inzwischen den Gurkensalat zubereiten. Die Gurke schälen und in dünne Scheiben schneiden oder hobeln. Schmand, Weißweinessig, Olivenöl und Senf verrühren. Mit Salz und Pfeffer abschmecken. Restlichen Dill unterrühren. Alle Zutaten mit den Gurkenscheiben in einer Schüssel mischen und ziehen lassen.

4. Das Kokosöl in einer beschichteten Pfanne bei mittlerer Hitze erhitzen. Mit angefeuchteten Händen aus der Thunfischmasse vier flache Frikadellen formen und im heißen Öl von beiden Seiten jeweils 3–4 Min. anbraten. Die Frikadellen können beim Wenden leicht zerbrechen, daher empfiehlt es sich, mit zwei Pfannenwendern zu arbeiten.

5. Den Gurkensalat auf zwei Tellern verteilen, die Thunfischfrikadellen dazu anrichten und servieren.

FÜR DEN VORRAT

Die Thunfischfrikadellen eignen sich perfekt für den Vorrat, wenn man sie portionsweise einfriert. Bei Bedarf dann einfach über Nacht im Kühlschrank auftauen lassen und im Backofen oder der Mikrowelle aufwärmen.

Mariniertes Sommergemüse mit Hackbällchen

Für 2 Personen
Zubereitung: ca. 20 Min.
Backen: ca. 20 Min.
Pro Portion: ca. 480 kcal, 22 g E, 40 g F, 8 g KH

Für die Marinade:
½ Zitrone
4½ EL Olivenöl
1 TL getrocknetes Basilikum
1 TL getrockneter Oregano
Salz | Pfeffer

Für das Gemüse:
1 Fenchelknolle
1 Zucchino
50 g grüne Bohnen
100 g Kirschtomaten

Für die Hackbällchen:
1 kleine Zwiebel
20 g Gouda
150 g gemischtes Hackfleisch
1 TL Senf
frisch geriebene Muskatnuss
Salz | Pfeffer

1. Ein Backblech mit Backpapier belegen. Für die Marinade die Zitrone auspressen und den Saft mit Olivenöl, Basilikum und Oregano verrühren. Kräftig mit Salz und Pfeffer abschmecken.

2. Den Fenchel waschen, halbieren, den Strunk herausschneiden und die Knolle in feine Streifen schneiden. Zucchino waschen und die Enden abschneiden. Zucchino halbieren und schräg in 5 mm dicke Scheiben schneiden. Bohnen waschen, putzen und halbieren. Die Kirschtomaten waschen und abtropfen lassen.

3. Alles Gemüse auf dem Backblech verteilen. Dabei alles etwas miteinander vermischen. Gleichmäßig mit der Marinade beträufeln. Den Ofen auf 200° vorheizen.

4. Die Zwiebel für die Hackbällchen schälen und in feine Würfel schneiden. Den Gouda grob reiben. Beides mit Hackfleisch, Senf und Muskat verkneten. Mit Salz und Pfeffer abschmecken. Mit den Händen aus der Masse acht Hackbällchen formen, auf das Gemüse setzen und in den Ofen (Mitte) schieben. Ca. 20 Min. backen, herausnehmen, auf zwei Tellern verteilen und servieren.

SO SCHMECKT'S AUCH

Bei der Gemüseauswahl gibt es kaum ein Limit. Wählen Sie, was gerade im Angebot ist, Saison hat, den Kühlschrank räumen muss und Ihnen schmeckt. Ob Blumenkohl, Auberginen, Brokkoli oder Sellerie – erlaubt ist, was gefällt.

Käsetortillas mit Guacamole

Für 2 Personen
Zubereitung: ca. 30 Min.
Pro Portion: ca. 775 kcal, 48 g E, 59 g F, 10 g KH

Für die Tortillas:
50 g Parmesan
2 Eier (M)
100 g Schmand
50 ml Milch
1 Prise Salz
2 EL Flohsamenschalenpulver
2 EL Sesammehl
2 EL Mandelmehl
1 TL Backpulver

Für die Füllung:
100 g Eisbergsalat
3 TL Kokosöl
150 g Rinderhackfleisch
1 EL Tomatenmark
½ TL gemahlener Koriander
½ TL getrockneter Oregano
Salz | Pfeffer

Für die Guacamole:
¼ Avocado
¼ Zitrone
1 EL Crème fraîche
Salz | Pfeffer

1. Den Backofen auf 200° vorheizen. Ein Backblech mit Backpapier belegen. Den Parmesan fein reiben und mit Eiern, Schmand, Milch, 50 ml Wasser und Salz in einer Schüssel glatt rühren. Flohsamenschalenpulver, Sesammehl, Mandelmehl und Backpulver in einer weiteren Schüssel vermischen und dann zügig mit den Zutaten in der anderen Schüssel verrühren.

2. Die Masse vierteln und zu Bällchen formen. Auf dem Backblech verteilen und mit den angefeuchteten Handflächen zu ca. 6 mm dicken Tortillas flach drücken. In den Backofen (Mitte) schieben und ca. 10 Min. backen. Dann den Ofen ausschalten, die Ofentür etwas öffnen und die Tortillas darin warm halten.

3. Inzwischen den Eisbergsalat waschen, gut abtropfen lassen und in feine Streifen schneiden.

4. Das Kokosöl in einer Pfanne bei mittlerer Hitze erhitzen und das Hackfleisch darin in ca. 8 Min. krümelig anbraten. Das Tomatenmark und 1 EL Wasser einrühren und das Hackfleisch mit Koriander, Oregano, Salz und Pfeffer abschmecken.

5. Für die Guacamole das Avocadofruchtfleisch aus der Schale lösen. Die Zitrone auspressen, den Saft mit der Avocado und der Crème fraîche in einen hohen Rührbecher geben und mit dem Pürierstab fein pürieren. Mit Salz und Pfeffer abschmecken.

6. Die Tortillas gleichmäßig mit der Guacamole einstreichen. Die Hackfleischmasse mit einem Esslöffel auf je eine Tortillahälfte setzen und den Eisbergsalat darauf verteilen. Die Tortillas zusammenklappen, auf zwei Tellern anrichten und servieren.

GUACAMOLE-VARIANTE

Ist noch etwas Brokkoli oder grüner Spargel vom Vortag übrig? Dann verwenden Sie dieses Gemüse doch mal anstelle der Avocado für die Guacamole. Mit 50 g gegartem Gemüse können Sie die Avocado ersetzen und tolle neue Varianten kreieren.

Souvlaki-Spieße mit mariniertem Feta

Für 2 Personen
Zubereitung: ca. 30 Min.
Marinieren: ca. 1 Std.
Pro Portion: ca. 495 kcal,
23 g E, 42 g F, 5 g KH

Für den Feta:
100 g Schafskäse (Feta)
½ rote Zwiebel
1 Knoblauchzehe
1 milde rote Chilischote
1 TL getrockneter Thymian
3 TL Olivenöl
Salz

Für die Souvlaki:
½ Zitrone
3 Stängel Petersilie (ersatzweise 1 EL gehackte TK-Petersilie)
2 EL Olivenöl
½ TL getrockneter Rosmarin
1 TL getrockneter Oregano
Salz | Pfeffer
150 g Schweinenacken
2 gelbe Paprika

Außerdem:
2 Holz-Schaschlikspieße (20 cm)

1. Schaschlikspieße ca. 1 Std. in Wasser einweichen. Inzwischen den Feta in 2 cm große Würfel schneiden. Zwiebel schälen und in feine Streifen schneiden. Knoblauch schälen und in zwei bis drei Stücke teilen. Chilischote waschen und in feine Ringe schneiden.

2. Alles zusammen mit Thymian, Olivenöl und 1 Prise Salz in eine Schüssel geben und behutsam mit den Händen vermischen, sodass der Feta gut mit dem Öl benetzt ist. Zugedeckt bis zum Servieren in den Kühlschrank stellen.

3. Für die Souvlaki die Zitrone auspressen und 1 EL Saft abmessen. Die Petersilie waschen, trocken schütteln und fein hacken. Den Zitronensaft mit 1 EL Olivenöl und den Kräutern in einer größeren Schüssel verrühren. Kräftig mit Salz und Pfeffer abschmecken. Das Fleisch in ca. 3 cm große Würfel schneiden und mit der Kräutermarinade verrühren. Zugedeckt 1 Std. oder über Nacht in den Kühlschrank stellen.

4. Inzwischen die Paprika halbieren, weiße Trennwände und Kerne entfernen, die Hälften waschen und in ca. 3 cm große Würfel schneiden. Das Fleisch aus der Marinade nehmen und im Wechsel mit je zwei bis drei Paprikastücken auf die Spieße stecken.

5. Das restliche Olivenöl in einer Grillpfanne oder einer Pfanne bei mittlerer Hitze erhitzen. Die Souvlaki-Spieße darin von allen Seiten je 2–3 Min. braten. Paprikastücke, die nicht mehr auf die Spieße gepasst haben, können mitgebraten werden.

6. Den Knoblauch aus der Fetamarinade nehmen und die Fetawürfel mit der Marinade auf zwei Tellern verteilen. Die Souvlaki-Spieße daneben anrichten und servieren.

WENIGER SCHÄRFE?

Von würzig mild bis höllisch scharf – Chilis gibt es in allen Schärfegraden. Je nach Sorte müssen Sie vielleicht die besonders scharfen Kerne und die weißen Trennwände entfernen, um den Schoten etwas von ihrem Feuer zu nehmen.

Moussaka

Für 2 Personen
Zubereitung: ca. 25 Min.
Backen: ca. 45 Min.
Pro Portion: ca. 475 kcal,
25 g E, 38 g F, 9 g KH

2 Auberginen
½ Zitrone
3 EL Olivenöl
Salz | Pfeffer
1 Zwiebel
100 g Rinderhackfleisch
½ TL Fenchelsamen
200 g stückige Tomaten (aus der Dose)
40 ml Gemüsebrühe
2 Lorbeerblätter
1 TL getrockneter Oregano
50 g Gouda
1 Ei (M)
50 g Sahne
frisch geriebene Muskatnuss

Außerdem:
Auflaufform (ca. 26 × 20 cm)

1. Ein Backblech mit Backpapier belegen. Den Backofen auf 220° vorheizen. Auberginen waschen, die Enden abschneiden und die Auberginen längs in ca. 8 mm dicke Scheiben schneiden. Zitrone auspressen, 1 EL Saft abmessen und mit 1 EL Olivenöl mischen.

2. Die Auberginenscheiben flach auf dem Backblech verteilen und gleichmäßig mit der Zitronen-Öl-Mischung einpinseln. Die Scheiben mit je 1 Prise Salz und Pfeffer würzen, in den Ofen (Mitte) schieben und 15 Min. backen. Dann herausnehmen und den Backofen auf 180° herunterschalten.

3. Inzwischen die Zwiebel schälen und fein würfeln. Das restliche Olivenöl in einem Topf erhitzen und das Hackfleisch darin krümelig anbraten. Dabei Zwiebel und Fenchelsamen zugeben. Mit Tomaten und Brühe aufgießen und die Lorbeerblätter und den Oregano zugeben. Alles 5 Min. offen köcheln lassen, dann mit Salz und Pfeffer abschmecken. Die Lorbeerblätter herausnehmen.

4. Den Gouda grob reiben und mit dem Ei und der Sahne verrühren. Mit 1 Prise Salz und frisch geriebenem Muskat würzen.

5. Den Boden der Auflaufform mit einem Drittel der Auberginenscheiben auslegen. Die Hälfte der Hackfleischmasse darauf verteilen. Mit einer weiteren Schicht Auberginenscheiben belegen. Die restliche Hackfleischmasse darauf verteilen und mit den restlichen Auberginenscheiben belegen.

6. Die Ei-Sahne-Sauce darüber verteilen. Die Auflaufform in den Ofen (Mitte) schieben und die Moussaka 30 Min. backen. Herausnehmen, auf zwei Tellern anrichten und servieren.

ZUCCHINI-MOUSSAKA

Anstelle der Auberginen können Sie auch 2 große Zucchini verwenden. Gehen Sie nach dem Rezept vor, aber backen Sie die Zucchini nur 10 Min. im Ofen vor, da Zucchini um einiges schneller garen als Auberginen.

Ofengeröstete Zucchini

Für 2 Personen
Zubereitung: ca. 15 Min.
Backen: ca. 20 Min.
Pro Portion: ca. 430 kcal,
16 g E, 38 g F, 5 g KH

2 Zucchini
½ Bio-Zitrone
1 Knoblauchzehe
4½ EL Olivenöl
Salz | Pfeffer
½ TL Schwarzkümmel
2 EL Sesam
60 g Parmesan

1. Den Backofen auf 200° vorheizen. Ein Backblech mit Backpapier belegen. Die Zucchini waschen und die Enden abschneiden. Dann die Zucchini längs vierteln und jedes Viertel in drei bis vier gleich große Stücke schneiden.

2. Die Zitrone heiß abwaschen, trocken reiben und die Schale fein abreiben. Den Knoblauch schälen, fein hacken oder durchpressen. Die Zucchinistücke mit Zitronenschale, Knoblauch und Olivenöl in eine Schüssel geben und mit den Händen durchmischen, bis die Stücke vollständig benetzt sind.

3. Zucchini gleichmäßig auf dem Backblech verteilen, mit Salz und Pfeffer würzen und Schwarzkümmel und Sesam darüberstreuen. In den Ofen (Mitte) schieben und 10 Min. backen.

4. Inzwischen den Parmesan fein reiben. Die Zucchini nach 10 Min. aus dem Ofen nehmen, den Parmesan darüberstreuen und die Zucchini weitere 8 Min. backen. Die Zucchini auf zwei Tellern anrichten und servieren.

Hähnchen-Champignon-Auflauf

Für 2 Personen
Zubereitung: ca. 25 Min.
Backen: ca. 15 Min.
Pro Portion: ca. 465 kcal, 38 g E, 31 g F, 6 g KH

150 g Hähnchenbrustfilet
1 Möhre
200 g Champignons
1 kleine Zwiebel
50 g Gouda
6 TL Kokosöl
Salz | Pfeffer
1 EL Kartoffelfasern
100 ml Gemüsebrühe
50 g Sahne
1 TL Oregano
50 g Schafskäse (Feta)

Außerdem:
Auflaufform (ca. 20 × 20 cm)

1. Die Hähnchenbrust waschen, trocken tupfen, längs halbieren und in sechs bis acht Stücke schneiden. Die Möhre schälen und grob raspeln. Die Champignons vorsichtig sauber bürsten und vierteln. Die Zwiebel schälen und würfeln. Den Gouda grob reiben. Den Backofen auf 200° vorheizen.

2. Das Öl in einer Pfanne bei großer Hitze erhitzen. Das Fleisch kräftig mit Salz und Pfeffer würzen und im heißen Öl von allen Seiten ca. 2 Min. anbraten. Dann aus der Pfanne nehmen und in der Auflaufform verteilen.

3. Zwiebel und Champignons in die Pfanne geben und ca. 2 Min. bei mittlerer Hitze anbraten, dann die Möhre dazugeben und 1 Min. mitgaren. Anschließend die Kartoffelfasern einrühren und mit Gemüsebrühe und Sahne aufgießen. In der offenen Pfanne aufkochen lassen, mit Oregano, Salz und Pfeffer abschmecken und die Sauce über die Hähnchenstücke geben.

4. Mit dem geriebenen Käse bestreuen, den Feta darüberbröseln, den Auflauf in den Ofen (Mitte) schieben und ca. 15 Min. überbacken. Herausnehmen, auf zwei Tellern anrichten und servieren.

Gefüllte überbackene Aubergine

Für 2 Personen
Zubereitung: ca. 30 Min.
Backen: ca. 30 Min.
Pro Portion: ca. 500 kcal,
25 g E, 42 g F, 5 g KH

Für die Aubergine:
1 Aubergine
3 TL Olivenöl
1 kleine rote Zwiebel
150 g gemischtes Hackfleisch
1 Ei (M)
1 TL edelsüßes Paprikapulver
Salz | Pfeffer

Für die Béchamelsauce:
40 g Cheddar
4 TL Butter
1 TL Flohsamenschalenpulver
frisch geriebene Muskatnuss
1 Msp. gemahlene Nelken
Salz | Pfeffer
50 ml Milch

Außerdem:
Auflaufform (ca. 26 × 20 cm)

1. Die Aubergine waschen und die Enden abschneiden. Die Aubergine längs in sechs bis acht ca. 1 cm dicke Scheiben schneiden. Das Olivenöl in einer großen beschichteten Pfanne erhitzen. Die Auberginenscheiben darin von beiden Seiten je 1 Min. anbraten, herausnehmen und auf Küchenpapier abtropfen lassen.

2. Die Zwiebel schälen und fein würfeln. Mit Hackfleisch und Ei in eine Schüssel geben und mit den Händen verkneten. Mit Paprikapulver, Salz und Pfeffer abschmecken.

3. Die Auberginenscheiben nebeneinander auf die Arbeitsfläche legen. Jeweils 1 EL der Hackfleischmasse auf eine Auberginenscheibe setzen (auf die Seite mit der größeren Oberfläche) und die andere Hälfte darüberklappen. Etwas andrücken und die Hackmasse damit verteilen. Diese Auberginentaschen in die Auflaufform setzen. Den Backofen auf 180° vorheizen.

4. Für die Sauce den Cheddar grob reiben. Die Butter in einem flachen Topf schmelzen. Das Flohsamenschalenpulver mit dem Rührbesen in die flüssige Butter rühren. Mit 1 Prise frisch geriebenem Muskat, Nelkenpulver, Salz und Pfeffer würzen und unter weiterem Rühren 150 ml Wasser und die Milch dazugeben. Bei mittlerer Hitze aufkochen, bis die Sauce eindickt.

5. Den Topf mit der Sauce vom Herd ziehen, den Cheddar einrühren und die Sauce gleichmäßig über die Auberginenröllchen verteilen. Die Form in den Ofen (Mitte) schieben und die Auberginen 25–30 Min. backen, bis die Béchamelsauce goldbraun ist. Herausnehmen, auf zwei Tellern anrichten und servieren.

GEFÜLLTE PAPRIKA

Die Füllung können Sie ebenso für den Klassiker unter den gefüllten Gemüsen verwenden. Dafür halbieren Sie 1 gelbe Paprika, entfernen Kerne und Trennwände und waschen die Schote innen und außen. Dann die Hackfleischmasse darin verteilen, die Schoten in eine 20 × 20 cm große, leicht geölte Auflaufform setzen, die Béchamelsauce darübergeben und wie beschrieben backen.

Zucchinitortilla mit Serranoschinken

Für 2 Personen
Zubereitung: ca. 20 Min.
Pro Portion: ca. 470 kcal, 21 g E, 42 g F, 4 g KH

30 g Pecorino
1 Zucchino
1 Tomate
1 Knoblauchzehe
6 schwarze Oliven (entsteint)
4 Eier (M)
20 g Sahne
1 TL edelsüßes Paprikapulver
Salz | Pfeffer
3 EL Olivenöl
3 Scheiben Serranoschinken

1. Den Käse grob reiben. Den Zucchino waschen, putzen und grob reiben. Die Tomate waschen, vom Stielansatz befreien und in kleine Würfel schneiden. Den Knoblauch schälen und fein hacken oder durchpressen. Die Oliven fein hacken.

2. Die Eier in einer Schüssel mit der Sahne verquirlen. Käse, Zucchini, Knoblauch, Oliven und Paprikapulver dazugeben und unterrühren. Mit je 1 Prise Salz und Pfeffer würzen.

3. 1 EL Öl in einer beschichteten Pfanne erhitzen. Die Eiermasse hineingeben und zugedeckt bei mittlerer Hitze ca. 8 Min. backen. Dann auf einen Teller gleiten lassen. Einen zweiten Teller umgekehrt darauflegen und beide Teller mit Schwung zusammen umdrehen, um die Tortilla zu wenden.

4. Das restliche Öl in die Pfanne geben. Die Tortilla vom zweiten Teller wieder zurück in die Pfanne gleiten lassen und weitere 5 Min. zugedeckt backen.

5. Die Tortilla auf ein Schneidebrett gleiten lassen, vierteln, mit dem Schinken belegen, auf zwei Tellern anrichten und servieren.

FÜLLUNGSVARIANTEN

Tortillas sind sehr dankbar für Reste vom Vortag. Ist noch etwas gegartes Gemüse übrig oder ein Stückchen Fleisch? Schneiden Sie es in kleine Würfel und ersetzen Sie damit die Zucchini oder die Tomate in der Eiermasse – oder auch beides. Auf diese Weise können Sie immer wieder neue Tortillavarianten kreieren.

Hähnchen-Nuggets mit Ofentomaten

Für 2 Personen
Zubereitung: ca. 35 Min.
Pro Portion: ca. 610 kcal, 27 g E, 52 g F, 8 g KH

- 2 Tomaten
- 20 g Parmesan
- 1 Frühlingszwiebel
- 20 g Pinienkerne
- Salz | Pfeffer
- 1 EL Kokosmus
- 2 EL griechischer Joghurt
- 1 TL Currypulver
- ¼ Apfel
- 120 g Hähnchenbrust
- 1 Ei (M)
- 2 EL gemahlene Mandeln
- 8 TL Butterschmalz

Außerdem:
Auflaufform (20 × 20 cm)

1. Tomaten waschen und von den Stielansätzen befreien. Halbieren und mit den Schnittflächen nach oben in die Auflaufform setzen. Parmesan fein reiben, Frühlingszwiebel waschen, putzen und in sehr feine Ringe schneiden. Pinienkerne grob hacken und mit Parmesan und Frühlingszwiebel mischen. Tomaten salzen, pfeffern und mit der Mischung bestreuen. In den kalten Ofen (Mitte) schieben und bei 200° ca. 25 Min. backen.

2. Inzwischen Kokosmus, Joghurt und Currypulver verrühren. Apfel fein reiben, unter die Sauce rühren und mit Salz und Pfeffer abschmecken. Hähnchenbrust waschen, trocken tupfen und in ca. 3 cm große Würfel schneiden. Das Ei aufschlagen und mit einer Gabel verquirlen. Mandeln auf einen flachen Teller geben.

3. Das Butterschmalz in einer Pfanne bei mittlerer Hitze erhitzen. Die Hähnchenstücke mit Salz und Pfeffer würzen und zunächst im Ei, dann in den Mandeln wenden. Im heißen Butterschmalz von allen Seiten je ca. 2 Min. gleichmäßig goldbraun braten. Herausnehmen, auf Küchenpapier etwas abtropfen lassen und auf zwei Tellern verteilen. Die Tomaten aus dem Ofen nehmen, auf den Tellern anrichten und mit der Currysauce servieren.

Blumenkohl-Käse-Frikadellen

Für 2 Personen
Zubereitung: ca. 25 Min.
Pro Portion: ca. 465 kcal,
29 g E, 36 g F, 8 g KH

550 g Blumenkohl
Salz
100 g Gouda
2 Eier (M)
50 g Doppelrahmfrischkäse
Pfeffer
frisch geriebene Muskatnuss
1 TL gemahlene Kurkuma
2 TL Flohsamenschalenpulver
3 EL Kokosöl

1. Den Blumenkohl putzen, in Röschen teilen (ergibt ca. 400 g) und waschen. Ca. 500 ml Wasser aufkochen und salzen. Die Blumenkohlröschen darin 6 Min. zugedeckt garen, abgießen, mit kaltem Wasser abschrecken und abtropfen lassen.

2. Inzwischen den Gouda grob reiben und mit Eiern und Frischkäse verrühren. Den Blumenkohl im Blitzhacker fein krümelig hacken und zu der Eier-Käse-Mischung geben. Mit Salz, Pfeffer, Muskat und Kurkuma würzen, das Flohsamenschalenpulver dazugeben und zügig verrühren. Ca. 10 Min. quellen lassen.

3. Das Öl bei mittlerer Hitze in einer beschichteten Pfanne erhitzen. Mit angefeuchteten Händen acht Frikadellen formen und im heißen Öl von beiden Seiten je 4 Min. braten. Herausnehmen, auf Küchenpapier abtropfen lassen und servieren.

DAZU EISBERG-RADICCHIO-SALAT

Je 1 Handvoll in Streifen geschnittenen Eisbergsalat und Radicchio vermischen. Aus ½ TL mittelscharfem Senf, 2 EL Rotweinessig und 1 EL Olivenöl eine Marinade anrühren und kräftig mit Salz und Pfeffer abschmecken. Den Salat damit vermischen.

Tomaten-Paprika-Suppe mit Parmesanchips

Für 2 Personen
Zubereitung: ca. 30 Min.
Pro Portion: ca. 395 kcal,
15 g E, 32 g F, 10 g KH

Für die Parmesanchips:
60 g Parmesan
1 TL Chiliflocken
1 EL Fenchelsamen

Für die Suppe:
1 rote Paprika
1 kleine Zwiebel
2 Stängel Basilikum
3 EL Olivenöl
200 g geschälte Tomaten (aus der Dose)
250 ml Gemüsebrühe
1 TL getrockneter Rosmarin
Salz | Pfeffer
2 EL Crème fraîche

1. Den Backofen auf 200° vorheizen. Ein Backblech mit Backpapier belegen. Den Parmesan fein reiben. Chiliflocken und Fenchelsamen im Mörser zerstoßen und mit dem Parmesan mischen.

2. Aus der Masse esslöffelweise Kleckse auf das Backblech setzen, sodass sechs Parmesanchips entstehen. Etwas Abstand lassen, da sie noch auseinanderlaufen. In den Ofen (Mitte) schieben und ca. 4 Min. backen, bis der Käse zerlaufen ist und die Ränder beginnen zu bräunen. Herausnehmen, mit dem Backpapier vom Backblech ziehen und auf einem Kuchengitter vollständig auskühlen lassen. Den Backofen auf 250° und Grillfunktion stellen.

3. Für die Suppe die Paprika halbieren, weiße Trennwände und Kerne entfernen und die Hälften waschen. Die Paprika mit der Hautseite nach oben auf ein Backblech legen und im Ofen (oben) 10–15 Min. backen, bis die Haut beginnt, sich schwarz zu färben und Blasen zu werfen. Herausnehmen, mit einem nassen sauberen Geschirrtuch abdecken und etwas abkühlen lassen.

4. Inzwischen die Zwiebel schälen und in feine Würfel schneiden. Basilikum waschen, trocken schütteln und Blätter abzupfen. Das Olivenöl in einem Topf bei mittlerer Hitze erhitzen und die Zwiebel darin ca. 2 Min. anschwitzen. Dann die Dosentomaten mit Gemüsebrühe, Rosmarin und Basilikum in den Topf geben und offen zum Kochen bringen. 8–10 Min. kochen.

5. Inzwischen die Haut der Paprika abziehen und das Fruchtfleisch in den Topf geben. Mit einem Pürierstab fein pürieren, aufkochen lassen und mit Salz und Pfeffer abschmecken.

6. In zwei tiefen Tellern anrichten, jeweils 1 EL Crème fraîche hineingeben, mit je 3 Parmesanchips garnieren und servieren.

SO GEHT'S SCHNELLER

Die Suppe schmeckt auch, wenn Sie sich das aufwendige Backen im Ofen sparen und die Schale der Paprika nicht entfernen. Durch das Pürieren ist die Schale fast nicht mehr zu erkennen.

Kürbis-Lauch-Quiche

Für 2 Personen
Zubereitung: ca. 20 Min.
Backen: ca. 40 Min.
Pro Portion: ca. 530 kcal, 28 g E, 41 g F, 8 g KH

Für den Quarkboden:
50 g Gouda
2 Eier (M)
150 g Quark (20 % Fett i. Tr.)
20 g Kartoffelfasern
Salz | Pfeffer

Für den Belag:
130 g Hokkaido-Kürbis
½ Stange Lauch
2 Ziegenfrischkäsetaler (à 20 g)
4½ EL Olivenöl
2 TL getrockneter Rosmarin
1 TL grobes Meersalz

1. Den Backofen auf 180° vorheizen. Ein Backblech mit Backpapier belegen. Den Gouda grob reiben. Eier und Quark in einer Schüssel glatt rühren. Kartoffelfasern und Gouda dazugeben und einrühren. Mit Salz und Pfeffer würzen. Die Masse auf das Backblech geben und zu einem ca. 20 × 25 cm großen länglichen Fladen verstreichen. Im Ofen (Mitte) 20 Min. backen.

2. Inzwischen den Kürbis putzen, die Kerne entfernen und das Fruchtfleisch grob raspeln. Den Lauch längs aufschlitzen, gründlich waschen und in feine Streifen schneiden. Kürbis und Lauch gleichmäßig auf dem Quarkboden verteilen, den Ziegenfrischkäse etwas zerpflücken und ebenfalls daraufgeben. Gleichmäßig mit dem Olivenöl beträufeln, mit Rosmarin und dem Meersalz bestreuen und weitere 20 Min. backen.

3. Herausnehmen, mit dem Backpapier auf ein Küchenbrett ziehen und in vier gleich große Stücke teilen. Die Quiche auf zwei Tellern anrichten und servieren.

Mangoldwickel mit Schinkenfüllung

Für 2 Personen
Zubereitung: ca. 25 Min.
Pro Portion: ca. 515 kcal, 37 g E, 39 g F, 2 g KH

8 Stiele Mangold
8 Scheiben Kochschinken
4 Scheiben Gouda
8 TL Butter
100 ml Gemüsebrühe
50 g Sahne
1 EL Kräuterfrischkäse
1 TL gemahlene Kurkuma
Salz | Pfeffer

Außerdem:
8 Zahnstocher

1. Den Mangold gründlich waschen und abtropfen lassen. Die Mangoldstiele keilförmig aus den Mangoldblättern herausschneiden. Die Stiele der Länge nach in Streifen und anschließend in gleichmäßige Würfel schneiden.

2. Die Mangoldblätter flach auf der Arbeitsfläche ausbreiten und mit dem Schinken belegen. Die Goudascheiben halbieren und der Länge nach mittig auf den Kochschinken legen. Die Seiten der Mangoldblätter zur Mitte einklappen, dann die Blätter zu Röllchen aufrollen und mit einem Zahnstocher fixieren.

3. Die Butter in einem flachen Topf bei mittlerer Hitze erhitzen und die Mangoldstiele darin 2 Min. anschwitzen. Mit Gemüsebrühe und Sahne aufgießen, den Kräuterfrischkäse einrühren und mit Kurkuma würzen. Aufkochen lassen, dann die Mangoldpäckchen daraufsetzen.

4. Den Mangold im zugedeckten Topf ca. 12 Min. bei schwacher Hitze köcheln lassen. Die Mangold-Frischkäse-Mischung mit Salz und Pfeffer abschmecken, mit den Mangoldwickeln auf zwei Tellern anrichten und servieren.

Gemüsespaghetti mit Champignonsauce

Für 2 Personen
Zubereitung: ca. 25 Min.
Pro Portion: ca. 520 kcal,
10 g E, 48 g F, 12 g KH

Für die Gemüsespaghetti:
1 Kohlrabi
1 große Möhre
1 kleiner Zucchino
3 Stängel Petersilie
Salz

Für die Champignonsauce:
200 g Champignons
1 kleine Zwiebel
8 TL Butter
150 g Sahne
50 g Doppelrahmfrischkäse
½ TL edelsüßes Paprikapulver
frisch geriebene Muskatnuss
Salz | Pfeffer

1. Den Kohlrabi und die Möhre schälen. Den Zucchino waschen und die Enden abschneiden. Alles Gemüse mit einem Spiralschneider zu Gemüsespaghetti schneiden. Alternativ mit einem Sparschäler wie Bandnudeln in feine Streifen schneiden. Die Petersilie waschen, trocken schütteln und fein hacken.

2. In einem Topf ca. 1,5 l Wasser aufkochen und salzen. Die Gemüsenudeln im kochenden Salzwasser 4 Min. offen garen. Anschließend durch ein Sieb abgießen.

3. Inzwischen die Champignons vorsichtig sauber bürsten, schadhafte Stellen entfernen und die Pilze halbieren oder vierteln. Die Zwiebel schälen und fein würfeln. Die Butter in einer Pfanne bei großer Hitze erhitzen. Zwiebeln und Pilze darin zusammen 2 Min. anbraten.

4. Die Sahne zu den Pilzen geben, offen aufkochen lassen und ca. 1 Min. einkochen. Dann die Pfanne vom Herd ziehen und den Frischkäse einrühren. Die Pilze mit Paprikapulver, Muskat, Salz und Pfeffer abschmecken. Zugedeckt warm halten.

5. Die Gemüsenudeln auf zwei tiefen Tellern verteilen. Die Champignonsauce darübergeben, alles mit gehackter Petersilie bestreuen und servieren.

LECKERES RECYCLING

Nach dem Putzen von Brokkoli landet der Strunk oft ungenutzt im Biomüll. Dabei lässt er sich ideal zu Gemüsespaghetti verarbeiten. Schälen Sie ihn dafür und verwenden Sie ihn dann genau wie beispielsweise Möhren. Je nach Saison lassen sich auch Süßkartoffeln (in Maßen), Rote Beten oder Kürbis zu wunderbaren Gemüsespaghetti verarbeiten.

Blumenkohl-Spinat-Auflauf

Für 2 Personen
Zubereitung: ca. 25 Min.
Backen: ca. 20 Min.
Pro Portion: ca. 495 kcal, 25 g E, 41 g F, 6 g KH

Salz
1 kleiner Blumenkohl
200 g Blattspinat
1 kleine Zwiebel
8 TL Butter
1 Kugel Mozzarella (Abtropfgewicht 125 g)
50 g Gouda | 50 g Sahne
frisch geriebene Muskatnuss
1 Msp. gemahlene Nelken
Pfeffer

Außerdem:
Auflaufform (ca. 20 × 20 cm)

1. In einem mittelgroßen Topf ca. 1,5 l Wasser aufkochen und salzen. Den Blumenkohl in Röschen teilen, waschen und im kochenden Salzwasser ca. 8 Min. bissfest garen. Durch ein Sieb abgießen und kurz abtropfen lassen.

2. Inzwischen den Spinat gründlich waschen und abtropfen lassen. Die Zwiebel schälen und fein würfeln. In einem flachen Topf 4 TL Butter erhitzen. Die Zwiebel darin 1 Min. anschwitzen, dann den Spinat dazugeben, kurz zusammenfallen lassen und den Topf beiseitestellen. Den Backofen auf 200° vorheizen.

3. Den Mozzarella abtropfen lassen und in kleine Würfel schneiden oder grob reiben. Den Gouda grob reiben.

4. Den Blumenkohl in einem Blitzhacker mit der Sahne und der restlichen Butter krümelig mixen. Mit Spinat, Mozzarella und Gouda mischen. Dabei mit frisch geriebenem Muskat, Nelken, Salz und Pfeffer abschmecken. In die Auflaufform geben und im Ofen (Mitte) ca. 20 Min. backen, bis der Käse goldbraun ist. Aus der Form nehmen, auf zwei Tellern anrichten und servieren.

Gemüse-Sauerkraut-Bratlinge

Für 2 Personen
Zubereitung: ca. 25 Min.
Pro Portion: ca. 340 kcal, 9 g E, 29 g F, 10 g KH

4 Scheiben Frühstücksspeck
1 Möhre
50 g Sellerie
½ rote Paprika
300 g Sauerkraut
2 EL Flohsamenschalenpulver
2 Eier (M)
½ TL Schwarzkümmel
Salz | Pfeffer
150 g griechischer Joghurt
1 EL Ajvar
3 EL Kokosöl

1. Frühstücksspeck in feine Würfel schneiden. Möhre und Sellerie schälen und grob raspeln. Weiße Trennwände und Kerne aus der halben Paprika entfernen, die Paprika waschen und in feine Streifen schneiden.

2. Sauerkraut mit einer Gabel zerpflücken und Speck und Gemüse dazugeben. Flohsamenschalenpulver und Eier ebenfalls zugeben, mit Schwarzkümmel und je 1 Prise Salz und Pfeffer würzen, mit den Händen verkneten und 10 Min. quellen lassen.

3. Den Joghurt mit Ajvar glatt rühren und mit Salz und Pfeffer abschmecken. Das Kokosöl in einer beschichteten Pfanne bei kleiner Hitze erhitzen. Mit angefeuchteten Händen sechs Bratlinge formen und zugedeckt von jeder Seite 5–6 Min. braten. Die Bratlinge auf zwei Tellern verteilen und mit dem Dip servieren.

KÜRBIS-SAUERKRAUT-BRATLINGE

Tauschen Sie Möhre, Sellerie und Paprika durch 200 g Kürbisfleisch (Hokkaido oder Butternuss) aus. Raspeln Sie das Kürbisfleisch grob und verfahren Sie weiter wie oben beschrieben.

Geschmortes Schweinefilet mit Rahmchampignons

Für 2 Personen
Zubereitung: ca. 45 Min.
Pro Portion: ca. 515 kcal,
29 g E, 43 g F, 5 g KH

200 g Schweinefilet
Salz | Pfeffer
3 EL Kokosöl
1 kleine Zwiebel
1 EL Tomatenmark
400 ml Fleischbrühe
400 g Champignons
4 TL Butter
100 g Sahne
frisch geriebene Muskatnuss
½ TL getrockneter Thymian
1 TL edelsüßes Paprikapulver

1. Das Schweinefilet von Sehnen befreien oder vom Metzger vorbereiten lassen. In ca. 4 cm große Würfel schneiden und rundherum kräftig mit Salz und Pfeffer würzen. Das Kokosöl in einer Pfanne bei mittlerer Hitze erhitzen und das Fleisch im heißen Öl von allen Seiten ca. 5 Min. goldbraun anbraten.

2. Inzwischen die Zwiebel schälen und in Streifen schneiden. In die Pfanne geben und ca. 10 Min. mitbraten. Wenn Fleisch und Zwiebel stark gebräunt sind, auch das Tomatenmark unterrühren und 1 Min. mitrösten.

3. Mit der Brühe aufgießen und die Pfanne mit einem Deckel schließen. Bei mittlerer Hitze 30 Min. schmoren. Gelegentlich überprüfen, ob noch genug Flüssigkeit in der Pfanne ist, und bei Bedarf mit etwas heißem Wasser auffüllen.

4. Inzwischen die Champignons vorsichtig sauber bürsten und vierteln. Die Butter in einer Pfanne bei mittlerer Hitze erhitzen und die Champignons darin kräftig braten, bis sie zu bräunen beginnen. Dann die Champignons zum Fleisch geben und mit der Sahne aufgießen.

5. Bei starker Hitze aufkochen und 4–5 Min. einkochen, bis die Sauce eine cremige Konsistenz bekommen hat. Mit etwas frisch geriebenem Muskat, Thymian, Paprikapulver, Salz und Pfeffer abschmecken. Auf zwei Tellern anrichten und servieren.

SO SCHMECKT'S AUCH

Keine Sorge, das Schweinefilet wird beim Schmoren nicht zu trocken. Sie können es nach Wunsch aber auch gegen in Würfel geschnittenen Schweinenacken austauschen. Auch Schinkengulasch vom Schwein ist möglich. Das Gulaschfleisch braucht etwa 20 Min. länger, um beim Schmoren schön weich zu werden. Daher sollten Sie die Flüssigkeitsmenge kontrollieren und lieber noch mit etwas heißem Wasser auffüllen. Das meiste verdampft später wieder beim Einkochen.

Bauerntopf mit Paprika

Für 2 Personen
Zubereitung: ca. 25 Min.
Pro Portion: ca. 450 kcal, 26 g E, 35 g F, 7 g KH

3 EL Kokosöl
200 g Rinderhackfleisch
1 kleine rote Zwiebel
150 g Champignons
1 kleiner Zucchino
1 gelbe Paprika
1 milde rote Chilischote
1 EL Tomatenmark
450 ml Gemüsebrühe
2 Lorbeerblätter
1 TL getrockneter Thymian
2 EL Doppelrahmfrischkäse
Salz | Pfeffer

1. Das Öl in einem Topf bei mittlerer Hitze erhitzen. Das Hackfleisch unter häufigem Rühren krümelig anbraten. Die Zwiebel schälen, fein würfeln, sofort zugeben und mitbraten.

2. Die Champignons vorsichtig sauber bürsten und vierteln. Zucchino waschen, putzen und in Würfel schneiden. Die Paprika halbieren, weiße Trennwände und Kerne entfernen, die Hälften waschen und in 2 cm große Würfel schneiden. Die Chilischote waschen und in feine Ringe schneiden.

3. Das Tomatenmark in das Hackfleisch rühren und 1 Min. mitrösten. Dann Gemüse und Chili dazugeben und mit der Gemüsebrühe aufgießen. Lorbeerblätter und Thymian zugeben und aufkochen. Auf mittlere Hitze reduzieren und 8–10 Min. offen weiterkochen. Den Frischkäse einrühren, mit Salz und Pfeffer abschmecken und den Bauerntopf sofort servieren.

EIN HAUCH VON ORIENT

Mit Lammhackfleisch zubereiten und mit je ½ TL gemahlenem Kreuzkümmel und Koriander, 1 TL Raz el Hanout und ca. 6 in Streifen geschnittenen Minzeblättern würzen.

Zucchinischiffchen mit Kräutersauce

Für 2 Personen
Zubereitung: ca. 20 Min.
Backen: ca. 25 Min.
Pro Portion: ca. 525 kcal,
31 g E, 42 g F, 5 g KH

2 kleine Zucchini
120 g gemischtes Hackfleisch
1 Kugel Mozzarella (Abtropfgewicht 125 g)
1 TL getrockneter Rosmarin
Salz | Pfeffer
4 Scheiben Frühstücksspeck
50 g Sahne
2 EL Kräuterfrischkäse

Außerdem:
Auflaufform (ca. 26 × 20 cm)

1. Den Backofen auf 200° vorheizen. Die Zucchini waschen, putzen und längs halbieren. Mithilfe eines Löffels aushöhlen, das Fruchtfleisch etwas klein hacken und zusammen mit dem Hackfleisch in eine Schüssel geben.

2. Den Mozzarella abtropfen lassen und klein würfeln. Zum Hackfleisch geben und mit den Händen zu einer geschmeidigen Masse verkneten. Mit Rosmarin, Salz und Pfeffer abschmecken und in die Zucchinihälften füllen. Jedes Zucchinischiffchen mit je 1 Scheibe Frühstücksspeck bedecken. In die Auflaufform setzen und in den Ofen (Mitte) schieben.

3. Inzwischen Sahne, Kräuterfrischkäse und 1 EL Wasser zusammen glatt rühren. Die Form nach 15 Min. Backzeit kurz aus dem Ofen holen, die Kräuter-Sahne-Sauce über die Zucchini in die Auflaufform gießen und die Form wieder in den Ofen schieben. Weitere 10 Min. backen.

4. Herausnehmen und die Zucchini auf zwei Tellern anrichten. Die Kräuter-Sahne-Sauce mit etwas Salz und Pfeffer abschmecken und die Zucchini damit servieren.

Rindfleischsuppe

Für 2 Personen
Zubereitung: ca. 20 Min.
Garen: ca. 2 Std.
Pro Portion: ca. 510 kcal,
24 g E, 44 g F, 5 g KH

250 g Suppenfleisch vom Rind (Beinscheibe oder Brust)
1 Bund Suppengrün (Möhre, Sellerie, Lauch)
1 Zwiebel
1 Knoblauchzehe
4 Wacholderbeeren
½ TL getrockneter Thymian
½ TL schwarze Pfefferkörner
8 TL Butter
3 Stängel Petersilie
Salz

1. Das Suppenfleisch in einen Topf geben und mit 1,5 l kaltem Wasser aufgießen. Offen bei mittlerer Hitze zum Kochen bringen, dann die Hitze reduzieren, sodass die Brühe nur leicht köchelt.

2. Inzwischen das Suppengrün putzen. Die Möhre und den Sellerie waschen und schälen, den Lauch gründlich waschen. Die Schälabfälle sofort in den Topf zum Suppenfleisch geben. Das Suppengemüse zur Seite stellen.

3. Die Zwiebel ungeschält halbieren, in einer beschichteten Pfanne ohne Fett auf der Schnittfläche rösten, bis sie fast schwarz ist, und mit der Schale in den Topf geben. Den Knoblauch ungeschält zerdrücken und ebenfalls mit Schale in den Topf geben. Die Wacholderbeeren im Mörser zerdrücken und mit Thymian und Pfefferkörnern in den Topf geben.

4. Die Brühe insgesamt 2 Std. offen köcheln lassen, gegebenenfalls die Temperatur weiter reduzieren, wenn die Suppe zu stark kocht. An der Oberfläche auftretenden Schaum mit einer Schaumkelle gelegentlich abschöpfen. Nach 2 Std. das Fleisch aus der Brühe nehmen und etwas abkühlen lassen.

5. Inzwischen das geputzte Suppengemüse in ca. 1 cm große Würfel schneiden. Die Butter in einem großen Topf erhitzen und die Gemüsewürfel darin 5 Min. anschwitzen. Die Brühe durch ein feines Sieb direkt zum Gemüse in den Topf gießen und zum Kochen bringen. 10 Min. köcheln lassen.

6. Inzwischen das Fleisch in 1 cm große Würfel schneiden und zu der Suppe geben. Die Petersilie waschen, die Blätter abzupfen und fein hacken. Die Suppe mit Salz abschmecken, mit Petersilie bestreuen, auf zwei Tellern anrichten und servieren.

BRÜHE AUF VORRAT

Eine kräftige Brühe aus Rindfleisch zu kochen macht Arbeit und dauert seine Zeit – aber für den unvergleichlichen Geschmack lohnt sich die Mühe. Und damit sie sich gleich noch mehr lohnt, kochen Sie doch gleich die vierfache Menge an Brühe und füllen Sie sie kochend heiß in 3–4 sterile Marmeladengläser. So hält sie sich im Kühlschrank bis zu 3 Monate.

Abendessen

Knurrt der Magen nach der Arbeit und Sie müssen schnell was auf den Tisch bringen? Oder möchten Sie sich zur Entspannung mal so richtig am Herd austoben und etwas Aufwendigeres ausprobieren? Wonach auch immer Ihnen der Sinn steht: Hier werden Sie auf jeden Fall fündig. Also runter vom Sofa und rein ins Kochvergnügen!

Medaillons mit Tomaten-Paprika-Gemüse

Für 2 Personen
Zubereitung: ca. 25 Min.
Pro Portion: ca. 550 kcal,
25 g E, 47 g F, 8 g KH

Für die Basilikumbutter:
¼ Bio-Zitrone
2 Stängel Basilikum
70 g weiche Butter
Salz | Pfeffer

Für Medaillons und Gemüse:
200 g Schweinefilet
2 gelbe Paprika
100 g Kirschtomaten
1 rote Zwiebel
1 Knoblauchzehe
1 Stängel Salbei
3 TL Kokosöl
Salz | Pfeffer
3 TL Olivenöl

1. Für die Basilikumbutter die Zitrone heiß waschen, trocken reiben und die Schale fein abreiben. 6 Basilikumblätter von den Stielen zupfen, waschen, trocken tupfen und in feine Streifen schneiden. Die Butter in einer Schüssel mit dem Rührbesen glatt rühren. Dabei die abgeriebene Zitronenschale und die Basilikumstreifen unterrühren. Mit Salz und Pfeffer abschmecken und bis zum Servieren kalt stellen.

2. Das Schweinefilet von Sehnen befreien oder vom Metzger vorbereiten lassen. In vier Medaillons schneiden. Paprika halbieren, weiße Trennwände und Kerne entfernen, die Hälften waschen und in 2 cm große Würfel schneiden. Kirschtomaten waschen und halbieren. Zwiebel schälen, halbieren und in feine Streifen schneiden. Den Knoblauch schälen und durchpressen oder fein würfeln. 4 Blätter vom Salbeistängel zupfen, waschen, trocken tupfen und in feine Streifen schneiden.

3. Das Kokosöl in einer Pfanne mit schwerem Boden erhitzen. Die Medaillons mit Salz und Pfeffer würzen und im heißen Öl von beiden Seiten je 3–4 Min. anbraten.

4. Inzwischen in einer weiteren Pfanne das Olivenöl erhitzen und die Zwiebelstreifen darin 1 Min. anbraten. Die Paprika dazugeben und 2 Min. mitbraten. Dann auch die Kirschtomaten, Salbei und den Knoblauch dazugeben, kräftig mit Salz und Pfeffer würzen und gut vermischen. Noch 2 Min. garen, dann auf zwei Tellern verteilen. Jeweils zwei Medaillons auf einen Teller setzen und mit der Basilikumbutter garniert servieren.

KRÄUTERBUTTER-VARIANTEN

Auch andere Kräuter machen sich in der Kräuterbutter gut zu den Medaillons: Tauschen Sie das Basilikum beispielsweise gegen 1 EL in feine Ringe geschnittenen Schnittlauch oder 2–3 in feine Streifen geschnittene Bärlauchblätter. Oder verwenden Sie die fein gehackten Nadeln von 1 Zweig Rosmarin oder die Blättchen von 2–4 Zweigen Thymian.

Zucchinilasagne mit Sojabolognese

Für 2 Personen
Zubereitung: ca. 30 Min.
Backen: ca. 25 Min.
Pro Portion: ca. 510 kcal, 19 g E, 43 g F, 11 g KH

150 ml Gemüsebrühe
50 g feines Sojagranulat
2 kleine Zucchini
4½ EL Olivenöl
1 kleine Zwiebel
150 g passierte Tomaten
Salz | Pfeffer
1 TL getrocknetes Basilikum
1 TL getrockneter Thymian

Für die Béchamelsauce:
20 g Parmesan
4 TL Butter
½ TL Flohsamenschalenpulver
frisch geriebene Muskatnuss
1 Msp. Nelkenpulver
Salz | Pfeffer
50 g Sahne

Außerdem:
Auflaufform (ca. 20 × 20 cm)

1. Die Gemüsebrühe aufkochen, das Sojagranulat einrühren, den Topf vom Herd ziehen und das Granulat ca. 15 Min. quellen lassen. Inzwischen die Zucchini putzen, waschen und die Enden abschneiden. Jede Zucchini längs in 5 Scheiben schneiden.

2. 2 EL Olivenöl in einer Pfanne bei mittlerer Hitze erhitzen und die Zucchinischeiben darin von beiden Seiten je 1 Min. anbraten, dann herausnehmen. Die Zwiebel schälen und fein würfeln. Das restliche Öl in einem Topf bei mittlerer Hitze erhitzen und die Zwiebel darin ca. 2 Min. anbraten, sodass sie etwas Farbe annimmt. Mit passierten Tomaten aufgießen, das gequollene Sojagranulat dazugeben und alles aufkochen lassen. Bei kleiner Hitze zugedeckt ca. 10 Min. köcheln lassen, dann mit Salz, Pfeffer, Basilikum und Thymian abschmecken.

3. Die Hälfte der Sauce in die Auflaufform geben, 5 Scheiben Zucchini gleichmäßig nebeneinander darauflegen. Mit der restlichen Sauce bedecken und die restlichen Zucchinischeiben darauf verteilen. Den Backofen auf 200° vorheizen.

4. Für die Béchamelsauce den Parmesan fein reiben. Die Butter in einem flachen Topf bei mittlerer Hitze schmelzen. Das Flohsamenschalenpulver mit dem Rührbesen in die flüssige Butter rühren. Mit einer Prise Muskat, Nelkenpulver, Salz und Pfeffer würzen und unter weiterem Rühren 50 ml Wasser und die Sahne dazugeben. Bei mittlerer Hitze kochen, bis die Sauce bindet. Den Topf vom Herd ziehen, den Parmesan einrühren und die Sauce gleichmäßig über die Zucchinilasagne verteilen.

5. Im Ofen (Mitte) 20–25 Min. backen, bis die Béchamelsauce goldbraun ist. Auf zwei Tellern anrichten und servieren.

Hackbällchen mit Spargelsalat

Für 2 Personen
Zubereitung: ca. 30 Min.
Pro Portion: ca. 580 kcal, 36 g E, 45 g F, 8 g KH

400 g grüner Spargel
3 TL Olivenöl
80 ml Gemüsebrühe
¾ Bund Radieschen
1 Estragonzweig
1 EL Weißweinessig
Salz | Pfeffer
1 kleine rote Zwiebel
1 Knoblauchzehe
250 g gemischtes Hackfleisch
1 Ei (M)
1 EL Senf
1 EL Kokosmehl
frisch geriebene Muskatnuss
3 TL Kokosöl

1. Spargel waschen, die holzigen Enden abschneiden und die unteren 5 cm schälen. Die Stangen in 3 cm lange Stücke schneiden. Das Olivenöl in einer großen Pfanne bei mittlerer Hitze erhitzen. Die Spargelstücke darin 2 Min. anschwitzen, mit der Gemüsebrühe aufgießen und 10 Min. bei mittlerer Hitze köcheln lassen.

2. Inzwischen die Radieschen putzen, waschen und vierteln, die Estragonblättchen abzupfen, fein schneiden und beides in eine Schüssel geben. Spargel und Essig unterheben. Mit Salz und Pfeffer abschmecken und ziehen lassen.

3. Inzwischen die Hackbällchen zubereiten. Die Zwiebel schälen und in feine Würfel schneiden. Den Knoblauch schälen und fein hacken. Beides mit Hackfleisch, Ei, Senf und Kokosmehl in eine Schüssel geben und verkneten. Mit frisch geriebenem Muskat, Salz und Pfeffer würzen und abschmecken.

4. Mit den Händen aus der Masse zwölf gleich große Bällchen formen. Das Kokosöl in einer beschichteten Pfanne erhitzen und die Hackbällchen darin in 3–4 Min. von allen Seiten braten. Den Spargelsalat auf zwei Tellern verteilen, die Hackbällchen darauf anrichten und servieren.

Hähnchen in Buttermilchsauce

Für 2 Personen
Zubereitung: ca. 25 Min.
Backen: ca. 40 Min.
Pro Portion: ca. 465 kcal, 18 g E, 41 g F, 5 g KH

100 ml Buttermilch
3 EL Olivenöl
1 TL edelsüßes Paprikapulver
Salz | Pfeffer
4 Hähnchenunterschenkel
300 g weißer Spargel
½ Zitrone
8 TL Butter
100 ml Gemüsebrühe
4 Stängel glatte Petersilie

Außerdem:
Auflaufform (ca. 20 × 26 cm)

1. Den Backofen auf 200° vorheizen. Aus Buttermilch, Olivenöl und Paprikapulver eine Marinade anrühren und kräftig mit Salz und Pfeffer abschmecken. Die Hähnchenunterschenkel kalt abwaschen, trocken tupfen und in die Auflaufform legen. Die Marinade darübergießen, die Auflaufform in den Ofen (Mitte) schieben und die Schenkel ca. 40 Min. garen.

2. Inzwischen die holzigen Spargelenden abschneiden. Den Spargel schälen und waschen. Die Zitrone auspressen. Butter bei mittlerer Hitze in einer Pfanne erhitzen und den Spargel rundherum einige Minuten anbraten, bis er leicht Farbe angenommen hat. Mit der Gemüsebrühe aufgießen und mit 1 Prise Salz würzen. Den Zitronensaft dazugeben und den Spargel 15–18 Min. zugedeckt bei kleiner Hitze köcheln lassen.

3. Petersilie waschen, trocken schütteln und fein hacken. Etwas zum Garnieren zur Seite legen. Spargel auf zwei Tellern verteilen und die Hähnchenschenkel daraufsetzen. Den Buttermilchfond mit dem Spargelfond in einem hohen Rührbecher mit dem Pürierstab mixen. Petersilie unterrühren und die Sauce mit Salz und Pfeffer abschmecken. Hähnchenschenkel und Spargel mit der Petersilie garnieren und mit der Sauce servieren.

Gefülltes Schnitzel in Mandelkruste

Für 2 Personen
Zubereitung: ca. 25 Min.
Pro Portion: ca. 505 kcal, 28 g E, 40 g F, 6 g KH

Für das Gemüse:
1 Möhre
1 Zucchino
100 g Kirschtomaten
2 TL Butterschmalz
Salz | Pfeffer
50 ml Gemüsebrühe

Für die Schnitzel:
1 Ei (M)
25 g gemahlene Mandeln
1 Schinkenschnitzel (ca. 150 g)
40 g Gorgonzola
Salz | Pfeffer
6 TL Butterschmalz

1. Die Möhre schälen, halbieren und schräg in ca. 3 mm dicke Scheiben schneiden. Den Zucchino waschen, putzen und halbieren. Schräg in ca. 5 mm dicke Scheiben schneiden. Die Kirschtomaten waschen und abtropfen lassen.

2. Für das Schnitzel das Ei in einen tiefen Teller aufschlagen und mit einer Gabel verquirlen. Die gemahlenen Mandeln auf einem flachen Teller verteilen. Das Schnitzel in der Mitte halbieren. Die Schnitzelhälften nacheinander in einen Gefrierbeutel legen und mit dem Fleischklopfer ca. 3 mm flach klopfen. Den Gorgonzola klein schneiden und auf den Schnitzeln verteilen. Die Schnitzel zusammenklappen und mit Salz und Pfeffer würzen. Erst im verquirlten Ei, dann in den Mandeln wenden.

3. Für das Gemüse 2 TL Butterschmalz in einem Topf bei mittlerer Hitze erhitzen. Zunächst die Möhren darin 2 Min. anschwitzen, dann Zucchini und Kirschtomaten dazugeben und 1 Min. mit anschwitzen. Das Gemüse mit der Brühe aufgießen und bei mittlerer Hitze ca. 5 Min. garen.

4. Für die Schnitzel das Butterschmalz in einer beschichteten Pfanne auf mittlerer Hitze erhitzen. Die panierten Schnitzel im heißen Butterschmalz von beiden Seiten je 4 Min. braten. Den Topf mit dem Gemüse von der Platte ziehen und so lange ruhen lassen, bis die Schnitzel fertig sind.

5. Die Schnitzel aus der Pfanne nehmen und auf Küchenpapier abtropfen lassen. Das Gemüse mit Salz und Pfeffer abschmecken und auf zwei Tellern verteilen. Die Schnitzel neben dem Gemüse anrichten und servieren.

KÄSEAUSWAHL

Der Gorgonzola kann selbstverständlich auch durch jeden anderen verfügbaren Blauschimmelkäse ausgetauscht werden, geschmacklich macht das wenig Unterschied. Wer den kräftigen Gorgonzola nicht so gerne mag, ersetzt ihn einfach durch einen milderen Käse wie Mozzarella, Camembert oder Gouda.

Kotelett mit Avocado-Apfel-Salat

Für 2 Personen
Zubereitung: ca. 20 Min.
Pro Portion: ca. 525 kcal,
23 g E, 44 g F, 5 g KH

Für den Salat:
¼ Kopf Eisbergsalat
½ Avocado
½ säuerlicher Apfel
(z. B. Granny Smith)
½ Zitrone
1 milde rote Chilischote
1 TL Senf
3 TL Olivenöl
½ TL gemahlener Koriander
Salz

Für die Koteletts:
3 TL Kokosöl
2 Schweinekoteletts (à ca. 100 g)
Salz | Pfeffer
60 g Sahne
1 TL grüner Pfeffer in Lake

1. Den Eisbergsalat waschen und in ca. 1 cm dicke Streifen schneiden. Den Kern der halben Avocado entfernen, das Fruchtfleisch herauslösen und in ca. 1 cm große Würfel schneiden. Den Apfel waschen, vierteln und das Kerngehäuse entfernen. Das Fruchtfleisch quer in dünne Scheiben schneiden.

2. Den Apfel mit der Avocado in eine Schüssel geben, die Zitrone auspressen und den Saft über Avocado und Apfel träufeln. Die Chilischote halbieren, die Kerne entfernen, die Hälften waschen und fein würfeln.

3. Inzwischen das Kokosöl in einer Pfanne bei großer Hitze erhitzen. Die Koteletts waschen, trocken tupfen und beidseitig mit Salz und Pfeffer würzen. Die Koteletts im heißen Öl von beiden Seiten je 2 Min. anbraten.

4. Für den Salat Senf, Olivenöl, Koriander und Chili zu einem Dressing verrühren. Das Dressing mit Avocado, Apfel und Eisbergsalat mischen. Mit Salz abschmecken.

5. Die Koteletts aus der Pfanne nehmen und in Alufolie gewickelt warm halten. Den Bratenansatz mit der Sahne lösen, die grünen Pfefferkörner mit 1 TL der Lake dazugeben und aufkochen lassen, bis die Sahne eindickt. Mit Salz und Pfeffer abschmecken.

6. Die Koteletts auf zwei Tellern anrichten und die Sauce dazugeben. Den Salat dazu anrichten und alles servieren.

OHNE GRÜNEN PFEFFER

Sie mögen keinen grünen Pfeffer? Die Sauce schmeckt auch ohne schon sehr gut. Besonders lecker wird es auch, wenn man sie mit ½ TL edelsüßem Paprikapulver oder den fein gehackten Nadeln von 1 Zweig Rosmarin abschmeckt.

Hähnchen in Curryrahm mit gefüllten Pilzen

Für 2 Personen
Zubereitung: ca. 30 Min.
Pro Portion: ca. 455 kcal, 25 g E, 37 g F, 4 g KH

Für die Champignons:
Salz
100 g TK-Blumenkohlröschen
20 g Parmesan
160 g braune Champignons
50 g Sahne
1 TL Butter
frisch geriebene Muskatnuss
Pfeffer

Für die Hähnchenbrust:
150 g Hähnchenbrustfilet
1 kleine Zwiebel
4 TL Butterschmalz
Salz | Pfeffer
50 g Kokosmilch (aus der Dose)
1 EL Kokosmus
1 TL Currypulver

Außerdem:
Butter für die Form
Auflaufform (ca. 20 × 20 cm)

1. In einem kleinen Topf ca. 500 ml Wasser aufkochen und salzen. Die noch gefrorenen Blumenkohlröschen darin in ca. 10 Min. garen. Den Boden einer kleinen Auflaufform mit Butter einfetten. Den Parmesan fein reiben. Den Backofen auf 180° vorheizen.

2. Die Champignons vorsichtig sauber bürsten, die Stiele herausbrechen und die Champignonköpfe mit der Öffnung nach oben in die Auflaufform legen. Den Blumenkohl durch ein Sieb abgießen und abtropfen lassen.

3. Sahne und Butter in den Blumenkohl-Kochtopf geben und aufkochen, dabei mit 1 Prise frisch geriebenem Muskat würzen. Den Blumenkohl dazugeben und mit dem Pürierstab zu einem feinen Püree verarbeiten. Den Parmesan einrühren und die Masse mit Salz und Pfeffer abschmecken.

4. Das Blumenkohlpüree mit einem Teelöffel gleichmäßig in die Champignonköpfe füllen. Die Form in den Ofen (Mitte) schieben und die Champignons ca. 15 Min. backen.

5. In der Zwischenzeit die Hähnchenbrust waschen, trocken tupfen und in 1 cm breite Streifen schneiden. Die Zwiebel schälen und in feine Streifen schneiden.

6. Das Butterschmalz in einer Pfanne bei mittlerer Hitze erhitzen. Die Hähnchenbruststreifen mit Salz und Pfeffer würzen und im heißen Fett von allen Seiten insgesamt 3 Min. anbraten. Die Zwiebelstreifen dazugeben und 2 Min. mitbraten. Mit Kokosmilch aufgießen, Kokosmus und Currypulver einrühren, aufkochen und mit Salz und Pfeffer abschmecken.

7. Die Hähnchenbrust mit dem Curryrahm auf zwei Tellern verteilen. Die Champignonköpfe aus dem Ofen nehmen, darauf anrichten und alles servieren.

Lammlachse mit Petersilien-Senf-Kruste

Für 2 Personen
Zubereitung: ca. 25 Min.
Pro Portion: ca. 550 kcal,
30 g E, 46 g F, 4 g KH

Für die Zucchini-Bohnen-Päckchen:
50 g grüne Bohnen
1 Zucchino
4 Scheiben Frühstücksspeck
8 TL Butterschmalz

Für die Lammlachse:
3 Stängel Petersilie
10 g Parmesan
2 EL gemahlene Mandeln
2 Lammlachse (Lammrücken ohne Knochen, à ca. 100 g)
Salz | Pfeffer
3 TL Olivenöl
1 TL Senf

1. Den Backofen auf 200° vorheizen. Ein Backblech mit Backpapier belegen. Die Bohnen putzen und waschen. Den Zucchino waschen, die Enden abschneiden und den Zucchino quer halbieren. Jede Zucchinihälfte längs in vier Streifen schneiden.

2. Den Frühstücksspeck auf der Arbeitsfläche ausbreiten. Jeweils auf ein Ende je 2 Zucchinistreifen und ein Viertel der Bohnen legen und den Speck zusammenrollen.

3. Petersilie waschen, trocken schütteln und fein hacken. Parmesan fein reiben. Beides mit den gemahlenen Mandeln mischen.

4. Die Lammlachse kalt abwaschen, trocken tupfen, salzen und pfeffern. Das Olivenöl in einer Pfanne bei mittlerer Hitze erhitzen. Die Lammlachse im heißen Öl von beiden Seiten je 2 Min. anbraten. Aus der Pfanne nehmen und auf das Backblech legen.

5. Die Oberseiten der Lammlachse mit dem Senf bestreichen. Die Mandel-Petersilien-Mischung gleichmäßig dick darauf verteilen. Das Blech in den Ofen (Mitte) schieben und die Lammlachse ca. 10 Min. darin backen.

6. Inzwischen das Butterschmalz in der Lamm-Bratpfanne erhitzen und die Zucchini-Bohnen-Päckchen darin von beiden Seiten je 2 Min. anbraten. 3 EL Wasser dazugeben, auf kleine Hitze reduzieren und zugedeckt 10 Min. garen.

7. Je zwei Zucchini-Bohnen-Päckchen auf einen Teller setzen. Die Lammlachse aus dem Ofen nehmen, auf einem Küchenbrett 2-mal schräg aufschneiden, anrichten und servieren.

RATATOUILLE ZUM LAMM

1 kleine Zwiebel fein würfeln und in 1 EL Olivenöl anschwitzen. Jeweils 100 g gewürfelte Aubergine, gelbe Paprika und Zucchini 1 Min. mit anschwitzen. 200 g stückige Tomaten (aus der Dose) zugeben und bei kleiner Hitze zugedeckt 15 Min. köcheln lassen. Mit je ½ TL getrocknetem Basilikum und Oregano würzen und mit Salz und Pfeffer abschmecken.

Schweinefilet in Senfsauce mit Wirsing und Pilzen

Für 2 Personen
Zubereitung: ca. 25 Min.
Pro Portion: ca. 540 kcal, 31 g E, 44 g F, 5 g KH

Für das Gemüse:
200 g Wirsing
100 g gemischte Waldpilze (z. B. Pfifferlinge, Maronen, Steinpilze)
4 TL Butterschmalz
5 Scheiben Frühstücksspeck
100 ml Gemüsebrühe
frisch geriebene Muskatnuss
Salz | Pfeffer

Für das Schweinefilet:
200 g Schweinefilet
3 TL Kokosöl
Salz | Pfeffer
100 g Sahne
1 EL körniger Dijon-Senf

1. Den Wirsing putzen und den Strunk keilförmig herausschneiden. Die Wirsingblätter gründlich waschen, abtropfen lassen und in feine Streifen schneiden. Die Pilze vorsichtig sauber bürsten und je nach Größe halbieren oder vierteln. Den Frühstücksspeck würfeln oder in Streifen schneiden.

2. Das Butterschmalz in einem Topf bei mittlerer Hitze erhitzen. Die Wirsingstreifen und den Frühstücksspeck 2 Min. darin anbraten. Dann die Pilze dazugeben und weitere 2 Min. mitbraten. Mit der Gemüsebrühe aufgießen und mit je 1 Prise frisch geriebenem Muskat, Salz und Pfeffer würzen. Zugedeckt bei kleiner Hitze ca. 15 Min. köcheln lassen.

3. Inzwischen das Schweinefilet in vier gleich große Medaillons schneiden. Das Kokosöl in einer Pfanne bei mittlerer Hitze erhitzen. Die Medaillons mit der Hand etwas flach drücken, mit Salz und Pfeffer würzen und im heißen Fett von beiden Seiten je 3 Min. anbraten. Herausnehmen, auf einen Teller legen und mit Alufolie abgedeckt warm halten.

4. Den Bratensatz mit der Sahne lösen, den Senf einrühren und aufkochen lassen. Mit Salz und Pfeffer abschmecken. Die Medaillons in die Sauce legen und 2 Min. darin ziehen lassen.

5. Inzwischen das Wirsing-Pilz-Gemüse nochmals mit Salz, Pfeffer und Muskat abschmecken und auf zwei Tellern verteilen. Die Medaillons darauf anrichten und mit der Sauce servieren.

MIT GRÜNKOHL

Probieren Sie dieses Gericht auch mal mit Grünkohl, wenn Sie ihn mögen. Der deftige Kohl schmeckt hier fast noch besser und wird genauso zubereitet wie der Wirsing.

Hähnchenschenkel in Specksauce mit Wirsing

Für 2 Personen
Zubereitung: ca. 25 Min.
Backen: ca. 40 Min.
Pro Portion: ca. 670 kcal, 34 g E, 55 g F, 5 g KH

Für Hähnchenschenkel und Sauce:
2 Hähnchenschenkel
Salz | Pfeffer
4 TL Kokosöl
2 Scheiben Frühstücksspeck
1 Zwiebel
100 g Champignons
1 TL Tomatenmark
50 ml Rotwein
200 ml Gemüsebrühe
½ TL getrockneter Thymian
50 g Sahne

Für den Wirsing:
200 g Wirsing
8 TL Butter
Salz
frisch geriebene Muskatnuss

Außerdem:
Auflaufform (ca. 20 × 26 cm)

1. Die Hähnchenschenkel abwaschen, trocken tupfen und mit Salz und Pfeffer würzen. Das Kokosöl in einer Pfanne bei mittlerer Hitze erhitzen und die Hähnchenschenkel darin in ca. 5 Min. rundherum goldbraun braten. In die Auflaufform setzen und den Backofen auf 200° vorheizen.

2. Den Frühstücksspeck klein schneiden und in der heißen Hähnchen-Bratpfanne unter gelegentlichem Rühren 3–4 Min. anbraten. Währenddessen die Zwiebel schälen und fein würfeln, dann zum Speck in die Pfanne geben. Die Champignons vorsichtig sauber bürsten, vierteln, ebenfalls in die Pfanne geben und mit dem Speck und den Zwiebeln kräftig goldbraun anbraten.

3. Das Tomatenmark unterrühren und anschließend mit dem Rotwein ablöschen. Die Gemüsebrühe und den Thymian zugeben. Den Bratenfond zu den Hähnchenschenkeln in die Auflaufform gießen. Die Form in den Ofen (Mitte) schieben und die Schenkel ca. 20 Min. backen. Dann die Hähnchenschenkel wenden und weitere 20 Min. backen.

4. Inzwischen den Wirsing waschen, abtropfen lassen und in feine Streifen schneiden. Die Butter in einem Topf erhitzen und den Wirsing darin unter gelegentlichem Rühren ca. 2 Min. anbraten, bis er etwas Farbe angenommen hat. 3–4 EL Wasser angießen, mit 1 kräftigen Prise Salz und frisch geriebenem Muskat würzen und zugedeckt bei kleiner Hitze 15 Min. garen.

5. Die Hähnchenschenkel aus dem Ofen nehmen, in Alufolie wickeln und im ausgeschalteten Ofen warm halten.

6. Die Specksauce in einen Topf geben und mit der Sahne aufgießen. Bei großer Hitze in 6–8 Min. einkochen, bis die Sauce sämig wird, dann mit 1 Prise Salz würzen.

7. Den Wirsing mit Salz abschmecken, auf zwei Tellern verteilen, die Hähnchenschenkel darauf setzen und mit der Sauce servieren.

Marinierte Schweinenackensteaks

Für 2 Personen
Zubereitung: ca. 20 Min.
Marinieren: ca. 1 Std.
Pro Portion: ca. 525 kcal,
20 g E, 45 g F, 9 g KH

Für die Steaks:
½ Bio-Orange
1 Sternanis
½ TL schwarze Pfefferkörner
1 Msp. Zimtpulver
2 Msp. gemahlener Ingwer
1 TL mittelscharfer Senf
3 EL Olivenöl | Salz
2 Schweinenackensteaks
(à ca. 100 g)
3 TL Kokosöl

Für das Gemüse:
2 gelbe Paprika | 4 TL Butter
50 g TK-Erbsen | Salz

1. Die Orange heiß abwaschen, trocken reiben, die Schale fein abreiben und den Saft auspressen. Sternanis und Pfefferkörner zusammen im Mörser fein zerstoßen. Mit Zimt, gemahlenem Ingwer, Senf, Olivenöl, ½ TL Salz, Orangenschale und -saft in einer Schüssel verrühren. Die Nackensteaks darin abgedeckt 1 Std., besser über Nacht, im Kühlschrank marinieren.

2. Die Paprika halbieren, weiße Trennwände und Kerne entfernen, die Hälften waschen und in ca. 2 cm große Würfel schneiden. Die Butter in einem Topf bei mittlerer Hitze erhitzen und die Paprika darin ca. 2 Min. offen anbraten. Die noch gefrorenen Erbsen dazugeben und weitere 3 Min. garen.

3. Inzwischen in einer Pfanne das Kokosöl bei mittlerer Hitze erhitzen. Die Steaks aus der Marinade nehmen und etwas abtropfen lassen. Im heißen Öl von beiden Seiten je ca. 3 Min. anbraten.

4. Das Gemüse mit Salz abschmecken und auf zwei Tellern verteilen. Die Steaks darauf anrichten und servieren.

Ribeye-Steak mit Rahmkraut

Für 2 Personen
Zubereitung: ca. 30 Min.
Pro Portion: ca. 560 kcal, 29 g E, 47 g F, 2 g KH

Für das Rahmkraut:
300 g Sauerkraut
50 g Sellerie
4 TL Butter
100 ml Gemüsebrühe
50 g Sahne
2 Wacholderbeeren
1 Lorbeerblatt
½ TL getrockneter Thymian
½ TL edelsüßes Paprikapulver
Salz

Für die Steaks:
2 Ribeye-Steaks (à ca. 150 g)
Salz | Pfeffer
3 TL Kokosöl

1. Das Sauerkraut mit einer Gabel zerpflücken. Den Sellerie schälen und grob raspeln. Die Butter in einem Topf bei mittlerer Hitze erhitzen und die Sellerieraspel darin ca. 3 Min. anschwitzen. Das Sauerkraut dazugeben und mit Brühe und Sahne angießen.

2. Die Wacholderbeeren im Mörser zerdrücken oder mit dem Messer fein hacken. Zusammen mit dem Lorbeerblatt, Thymian, Paprikapulver und Salz in das Sauerkraut geben und zugedeckt bei kleiner Hitze ca. 20 Min. garen.

3. Kurz bevor das Sauerkraut fertig gegart ist, die Steaks kalt abwaschen, trocken tupfen und beidseitig mit Salz und Pfeffer würzen. Das Kokosöl in einer Pfanne bei großer Hitze erhitzen. Die Steaks in die Pfanne geben, auf mittlere Hitze reduzieren und die Steaks von jeder Seite ca. 3 Min. braten. Die Steaks aus der Pfanne nehmen, in Alufolie wickeln und ca. 5 Min. ruhen lassen.

4. Inzwischen das Sauerkraut offen bei großer Hitze kochen lassen, bis die Flüssigkeit beginnt, sämig dicklich einzukochen. Das Lorbeerblatt herausnehmen, das Rahmkraut auf zwei Tellern verteilen, die Steaks darauf anrichten und servieren.

Lauchschiffchen mit Champignongratin

Für 2 Personen
Zubereitung: ca. 20 Min.
Backen: ca. 30 Min.
Pro Portion: ca. 400 kcal, 21 g E, 33 g F, 5 g KH

1 große Stange Lauch
300 g Champignons
4 TL Butter
100 g Sahne
100 g Gouda
½ TL getrockneter Thymian
frisch geriebene Muskatnuss
Salz | Pfeffer
1 Zweig Thymian

Außerdem:
Auflaufform (ca. 26 × 20 cm)
Butter für die Form

1. Den Backofen auf 180° vorheizen und die Auflaufform fetten. Die Lauchstange putzen, längs halbieren und auch zwischen den Blattschichten gründlich waschen. Die halbierte Lauchstange in 5–6 cm lange Stücke schneiden und mit der Schnittfläche nach oben in die Auflaufform setzen.

2. Champignons vorsichtig sauber bürsten, schadhafte Stellen entfernen und die Pilze halbieren oder vierteln. Butter in einer Pfanne bei großer Hitze erhitzen und die Pilze 2 Min. anbraten.

3. Die Sahne aufgießen, offen aufkochen lassen und ca. 1 Min. bei mittlerer Hitze kochen. Inzwischen den Gouda grob reiben und zügig in die Sahne einrühren. Alles mit Thymian, Muskat, Salz und Pfeffer abschmecken und gleichmäßig über die Lauchschiffchen verteilen.

4. Die Schiffchen im Ofen (Mitte) 30 Min. backen. Thymian waschen, trocken schütteln und grob hacken. Schiffchen auf zwei Tellern verteilen, mit Thymian garnieren und servieren.

SO SCHMECKT'S AUCH

Selbstverständlich können die Champignons durch jeden anderen Speisepilz ersetzt werden, den Sie mögen. Nichtvegetarier dürfen das Rezept noch um 1–2 EL Schinken- oder Speckwürfel ergänzen und zusammen mit den Pilzen in der Butter anbraten. Das sorgt für einen kräftigen Geschmack der Pilzsauce.

Cordon bleu de luxe! Bei dieser saftig-aromatischen Füllung braucht man keine Panade mehr. Dazu der sahnige Kohlrabi – zum Dahinschmelzen gut.

Gefüllte Kalbsschnitzel mit Kohlrabi

Für 2 Personen
Zubereitung: ca. 35 Min.
Pro Portion: ca. 435 kcal, 22 g E, 37 g F, 5 g KH

Für die Schnitzel:
2 Scheiben Frühstücksspeck
3 EL Kokosöl
1 Tomate
20 g Gouda
1 Kalbsschnitzel (ca. 150 g)
Salz | Pfeffer

Für den Kohlrabi:
1 Kohlrabi mit Grün
4 TL Butter
50 g Sahne
frisch geriebene Muskatnuss
Salz

Außerdem:
4 Zahnstocher

1. Den Speck klein schneiden, mit 1 EL Kokosöl in eine beschichtete Pfanne geben und bei mittlerer Hitze goldbraun braten. Inzwischen die Tomate waschen, den Stielansatz entfernen, die Tomate vierteln, entkernen und in kleine Würfel schneiden. Wenn der Speck goldbraun ist, die Tomatenwürfel zugeben und 5 Min. weitergaren. Gouda grob reiben, Pfanne vom Herd nehmen, Gouda unterrühren und alles etwas abkühlen lassen.

2. Inzwischen das Kalbsschnitzel in zwei gleich große Scheiben schneiden. Nacheinander in einen Gefrierbeutel geben und ca. 3 mm flach klopfen. Mit Salz und Pfeffer würzen. Jeweils auf eine Hälfte der Schnitzel die Tomaten-Speck-Masse verteilen. Die andere Hälfte darüberklappen und die so entstandenen Fleischtaschen mit je 2 Zahnstochern verschließen.

3. Das Blattgrün von den Kohlrabi schneiden, die Blätter waschen und in sehr feine Streifen schneiden. Die Stiele wegwerfen. Den Kohlrabi schälen und in 1 cm breite Stifte schneiden.

4. Die Butter in einem Topf erhitzen und die Kohlrabistifte darin 1 Min. anschwitzen. Mit Sahne und 4 EL Wasser aufgießen, mit 1 Prise frisch gemahlenem Muskat und Salz würzen und bei mittlerer Hitze zugedeckt 8 Min. garen. Nach 6 Min. Garzeit die Kohlrabiblätter unterrühren.

5. Inzwischen in einer Pfanne das restliche Kokosöl bei mittlerer Hitze erhitzen und die Schnitzel von jeder Seite 3 Min. anbraten.

6. Das Kohlrabigemüse auf zwei Tellern verteilen. Die Kalbsschnitzel daraufsetzen und servieren.

Schnitzel klopfen: *Das Kalbsschnitzel in zwei gleich große Scheiben schneiden, ein Schnitzel in einen Gefrierbeutel legen und mit dem Fleischklopfer flach klopfen, bis es etwa 3 mm dick ist. Mit dem zweiten Schnitzel ebenso verfahren.*

Schnitzel füllen: *Die Schnitzel mit Salz und Pfeffer würzen. Auf jeweils eine Hälfte die Füllung verteilen, die andere Hälfte darüberklappen und die Taschen mit je 2 Zahnstochern verschließen.*

Schnitzel braten: *Das Kokosöl in einer Pfanne erhitzen und die Schnitzel bei mittlerer Hitze darin auf beiden Seiten braten, bis sie schön goldbraun sind. Das dauert pro Seite ca. 3 Min.*

Geschmorter Schweinebauch mit Selleriepüree

Für 2 Personen
Zubereitung: ca. 25 Min.
Backen: ca. 1 Std.
Pro Portion: ca. 465 kcal, 21 g E, 40 g F, 5 g KH

Für den Schweinebauch:
1 kleine Zwiebel
200 g Schweinebauch (ohne Knochen)
Salz | Pfeffer
1 Knoblauchzehe
250 ml Fleischbrühe
¼ TL Zimtpulver
½ TL gemahlener Koriander
1 TL gemahlener Kreuzkümmel

Für das Selleriepüree:
250 g Sellerie
Salz
4 TL Butter
60 g Sahne
frisch geriebene Muskatnuss
Pfeffer

Außerdem:
Auflaufform (ca. 20 × 20 cm)

1. Den Backofen auf 180° vorheizen. Zwiebel schälen, in Streifen schneiden und in eine Auflaufform geben. Den Schweinebauch kalt abwaschen, trocken tupfen und die Schwarte mit einem Messer 5–6-mal einschneiden. Schweinebauch mit der Schwarte nach unten auf die Zwiebeln legen und mit Salz und Pfeffer würzen. In den Ofen (Mitte) schieben und 15 Min. backen.

2. Inzwischen den Knoblauch schälen und fein hacken oder durchpressen. Die Fleischbrühe mit Zimt, Koriander, Kreuzkümmel und Knoblauch verrühren. Den Schweinebauch wenden, sodass die Schwarte oben ist, und mit der gesamten Brühe übergießen. Weitere 45 Min. im Ofen garen, dabei gelegentlich mit einer Schöpfkelle etwas Fond darüberschöpfen. Die Backofentemperatur für die letzten 15 Min. auf 225° erhöhen.

3. Sellerie schälen und waschen. Fein würfeln, in einem Topf mit Wasser bedecken, salzen und in ca. 20 Min. weich kochen.

4. Den Sellerie durch ein Sieb abgießen. Butter und Sahne in einem kleinen, hohen Topf erwärmen und mit 1 Prise Muskat würzen. Den Sellerie dazugeben, kurz erwärmen und mit dem Pürierstab zu einem cremigen Püree verarbeiten. Mit Salz und Pfeffer abschmecken.

5. Das Püree auf zwei Tellern verteilen. Den Schweinebauch aus dem Ofen nehmen, quer in acht dünne Scheiben schneiden und neben dem Selleriepüree anrichten. Den Bratenfond mit Salz und Pfeffer abschmecken und dazu servieren.

GESCHMORTER SCHWEINENACKEN

Sie können den Schweinebauch auch durch ein ebenso großes Stück Schweinenacken ersetzen. Bereiten Sie das Stück wie den Schweinebauch vor. Dann erhitzen Sie 1 EL Kokosöl in einer Pfanne bei mittlerer Hitze. Würzen Sie den Schweinenacken mit Salz und Pfeffer und braten Sie ihn von beiden Seiten je 3 Min. an. Verteilen Sie die Zwiebeln in der Auflaufform, legen Sie den Schweinenacken darauf und gehen Sie weiter nach Rezept vor.

Entenbrust auf Chicoréegemüse

Für 2 Personen
Zubereitung: ca. 25 Min.
Pro Portion: ca. 445 kcal,
21 g E, 36 g F, 7 g KH

1 kleine rote Zwiebel
2 Tomaten
2 Chicorée
200 g Barbarie-Entenbrust
Salz | Pfeffer
4 TL Butterschmalz
100 g Sahne
1 TL grüner Pfeffer in Lake

1. Die Zwiebel schälen und fein würfeln. Die Tomaten waschen, die Stielansätze entfernen und die Tomaten in Würfel schneiden. Den Chicorée putzen, waschen, halbieren und den Strunk herausschneiden. Chicorée quer in ca. 1 cm breite Streifen schneiden.

2. Die Entenbrust waschen, trocken tupfen und die Haut mit einem scharfen Messer schräg 5–6-mal leicht einritzen. Die Entenbrust auf der Hautseite mit Salz und Pfeffer würzen.

3. Das Butterschmalz in einer Pfanne bei mittlerer Hitze erhitzen. Die Entenbrust mit der Hautseite nach unten hineinlegen und ca. 8 Min. braten. Dann die Fleischseite mit Salz und Pfeffer würzen, die Entenbrust wenden und weitere 6 Min. auf der Fleischseite braten. Die Entenbrust herausnehmen, in Alufolie wickeln und 8 Min. ruhen lassen.

4. Inzwischen die Zwiebel im Entenfett ca. 1 Min. anbraten. Dann Tomatenwürfel und Chicorée unterrühren und mit der Sahne aufgießen. Den grünen Pfeffer mit etwas Lake dazugeben und alles bei großer Hitze und gelegentlichem Rühren offen kochen, bis die Flüssigkeit zu einer sämigen Sauce eingekocht ist. Sofort vom Herd nehmen, kräftig mit Salz und Pfeffer abschmecken und auf zwei Tellern verteilen.

5. Die Entenbrust in zehn bis zwölf Scheiben schneiden, auf dem Chicorée anrichten und servieren.

MIT CHINAKOHL

Chicorée hat seine Fans, aber wegen seines leicht bitteren Geschmacks mag ihn auch nicht jeder. Wenn Sie den Bittersalat nicht zu Ihren Lieblingsgemüsen zählen, ersetzen Sie ihn einfach durch ½ Kopf Chinakohl. Anstelle des grünen Pfeffers probieren Sie zur Abwechslung 1 TL Kapern aus. Das verleiht dem Gericht eine ganz andere, auch sehr leckere Note.

Wildschwein-Rahmgulasch mit Butternuss-Kürbis

Für 2 Personen
Zubereitung: ca. 30 Min.
Schmoren: ca. 1 Std.
Pro Portion: ca. 500 kcal,
22 g E, 43 g F, 7 g KH

Für das Gulasch:
200 g Wildschweingulasch
Salz | Pfeffer
3 TL Kokosöl
1 kleine Zwiebel
1 Stange Staudensellerie
1 TL Tomatenmark
1 TL edelsüßes Paprikapulver
½ TL getrockneter Thymian
60 g Sahne

Für das Kürbisgemüse:
250 g Butternuss-Kürbis
8 TL Butter
Salz
frisch geriebene Muskatnuss
1 TL getrockneter Rosmarin

1. Das Wildschweingulasch kalt abwaschen, trocken tupfen und kräftig mit Salz und Pfeffer würzen. Das Kokosöl in einem Topf bei mittlerer Hitze erhitzen und das Gulasch darin unter gelegentlichem Rühren ca. 6 Min. kräftig anbraten.

2. Inzwischen die Zwiebel schälen, den Staudensellerie putzen und waschen. Beides in feine Würfel schneiden. Zum Gulasch geben und 10 Min. mitrösten. Dann auch das Tomatenmark einrühren und 1 Min. mitrösten. Mit so viel heißem Wasser aufgießen, dass das Fleisch gerade bedeckt ist. Mit Paprikapulver und Thymian würzen. Aufkochen lassen und das Gulasch zugedeckt bei kleiner Hitze 1 Std. schmoren. Dabei gelegentlich durchrühren.

3. Inzwischen den Kürbis schälen und die Kerne mit einem Löffel entfernen. Den Kürbis in ca. 1 cm große Würfel schneiden.

4. Die Butter in einem Topf bei mittlerer Hitze erhitzen, den Kürbis dazugeben und mit 1 Prise Salz, Muskat und dem Rosmarin würzen. 2 EL Wasser unterrühren und den Kürbis zugedeckt bei kleiner Hitze ca. 10 Min. unter gelegentlichem Rühren garen.

5. Nach 1 Std. Kochzeit die Sahne in das Gulasch rühren und bei großer Hitze so lange offen kochen, bis die Sauce einzudicken beginnt. Wenn die Sauce sämig ist, den Topf von der Herdplatte nehmen und das Gulasch mit Salz und Pfeffer abschmecken.

6. Das Kürbisgemüse abschmecken und auf zwei Tellern verteilen. Das Gulasch daneben anrichten und servieren.

SO SCHMECKT'S AUCH

Hirsch, Rind oder Schwein – was die Fleischsorte betrifft, ist erlaubt, was gefällt. Wer den Eigengeschmack von Wildschwein nicht mag, kann das Fleisch einfach gegen eine andere Sorte nach Belieben austauschen. An der Zubereitung ändert sich dadurch überhaupt nichts.

Halloumi mit Papaya-Tomaten-Salsa

Für 2 Personen
Zubereitung: ca. 30 Min.
Pro Portion: ca. 515 kcal,
19 g E, 43 g F, 7 g KH

Für den Zucchinisalat:
1 kleiner Zucchino
1 EL Weißweinessig
½ TL mittelscharfer Senf
3 TL Olivenöl
½ TL getrockneter Thymian
Salz | Pfeffer

Für die Salsa:
1 Tomate
½ kleine Papaya
1 kleine rote Zwiebel
1 milde rote Chilischote
1 Stängel Basilikum
1 TL Ajvar
Salz | Pfeffer

Für den Halloumi:
3 EL Olivenöl
150 g Halloumi

1. Für den Zucchinisalat den Zucchino waschen, die Enden abschneiden und den Zucchino grob raspeln. Mit Weißweinessig, Senf, Olivenöl und Thymian vermischen. Mit Salz und Pfeffer abschmecken und zugedeckt im Kühlschrank ziehen lassen.

2. Die Tomate für die Salsa waschen, vom Stielansatz befreien und in kleine Würfel schneiden. Die Papaya schälen, die Kerne mit einem Löffel herauskratzen und das Fruchtfleisch fein würfeln. Die Zwiebel schälen und fein würfeln. Die Chili halbieren, Kerne entfernen, die Hälften waschen und ebenfalls in feine Würfel schneiden. Das Basilikum waschen, 4 Blätter abzupfen und in feine Streifen schneiden. Alles zusammen gut mit dem Ajvar vermischen und mit Salz und Pfeffer abschmecken.

3. Das Olivenöl für den Halloumi in einer beschichteten Pfanne bei mittlerer Hitze erhitzen. Den Halloumi in 2 gleich dicke Scheiben schneiden und im heißen Öl in ca. 2 Min. von beiden Seiten braten, bis er goldbraun ist.

4. Den Zucchinisalat auf zwei Tellern verteilen, den Halloumi daraufsetzen und mit der Papaya-Tomaten-Salsa servieren.

ZUCCHINI-HALLOUMI-SPIESSE

Dafür halbieren Sie 1 kleinen geputzten Zucchino längs und schneiden ihn in ca. 2 cm lange mundgerechte Stücke. Dann 150 g Halloumi ebenfalls in mundgerechte Stücke schneiden und abwechselnd mit den Zucchinistücken auf zwei Holzspieße stecken. 2 EL Olivenöl in einer beschichteten Pfanne erhitzen und die Spieße von jeder Seite 1 Min. braten.

Cremiger Blumenkohl-Risotto

Für 2 Personen
Zubereitung: ca. 30 Min.
Pro Portion: ca. 600 kcal, 21 g E, 50 g F, 16 g KH

825 g Blumenkohl
Salz
150 g Sahne
1 kleine Zwiebel
4 TL Butter
1 TL Currypulver
200 ml Gemüsebrühe
20 g Parmesan
2 EL Mandelblättchen
3 Stängel Petersilie
1 EL Mandelmus
Pfeffer

1. Den Blumenkohl putzen und in Röschen teilen (ergibt ca. 600 g), dann waschen. In einem Topf 500 ml Wasser aufkochen und salzen. 150 g der Blumenkohlröschen darin 10 Min. zugedeckt garen, dann durch ein Sieb abgießen und in einen hohen Rührbecher füllen. Die Sahne dazugeben und alles mit dem Pürierstab fein pürieren.

2. Die Zwiebel schälen und fein würfeln. Die restlichen Blumenkohlröschen im Blitzhacker zu reiskorngroßen Krümeln mixen. Die Butter in einem flachen Topf bei mittlerer Hitze erhitzen und die Zwiebeln 3 Min. darin anschwitzen. Den krümelig gemixten Blumenkohl dazugeben, 1 Min. mit anschwitzen und dabei auch den Curry einrühren. Mit der Gemüsebrühe aufgießen und bei kleinster Hitze zugedeckt 5 Min. garen.

3. Inzwischen den Parmesan fein reiben und die Mandelblättchen in einer beschichteten Pfanne ohne Fett rösten, bis sie goldbraun sind und zu duften beginnen. Die Petersilie waschen, trocken schütteln und fein hacken.

4. Blumenkohlpüree, Mandelmus und drei Viertel des Parmesans zum Blumenkohl geben. Gut miteinander verrühren und in ca. 2 Min. erwärmen. Mit Salz und Pfeffer abschmecken.

5. Auf zwei tiefen Tellern verteilen, mit Mandelblättchen, Petersilie und dem restlichen Parmesan garnieren und servieren.

MIT JAKOBSMUSCHELN

200 g Jakobsmuschelfleisch ohne Rogen (ersatzweise Kammmuscheln) waschen, trocken tupfen und mit Salz und Pfeffer würzen. In 1 EL Butterschmalz bei mittlerer Hitze von beiden Seiten je 2 Min. leicht braun braten. 1 Schalotte schälen, fein würfeln und 1 Min. mitbraten. Mit 1 EL Zitronensaft ablöschen. 50 ml Fischfond und 100 g Sahne zugeben und darin bei großer Hitze auf die Hälfte einkochen. Dann auf kleinste Hitze reduzieren. 1 Döschen Safranfäden (1 g) einrühren und abschmecken. Noch ca. 2 Min. garen und zum Risotto servieren.

Rotbarsch auf Zucchininudeln

Für 2 Personen
Zubereitung: ca. 20 Min.
Pro Portion: ca. 515 kcal, 25 g E, 44 g F, 5 g KH

Für die Zucchininudeln:
2 Zucchini
Salz
1 kleine Zwiebel
3 EL Olivenöl
Pfeffer

Für den Rotbarsch:
8 TL Butter
2 Rotbarschfilets (à ca. 100 g)
Salz | Pfeffer
2 EL Mandelblättchen
½ TL getrockneter Thymian

1. Die Zucchini waschen und die Enden abschneiden. Zucchini mit einem Spiralschneider in Spaghetti oder mit einem Sparschäler in feine Streifen (Bandnudeln) schneiden. Die Zucchini-Spaghetti oder -Bandnudeln mit ½ TL Salz in eine Schüssel geben und behutsam mit den Händen durchmischen. 10 Min. Wasser ziehen lassen, dann in ein Sieb geben und abtropfen lassen.

2. Inzwischen die Zwiebel schälen und in feine Streifen schneiden. Das Olivenöl in einem Topf bei mittlerer Hitze erhitzen und die Zwiebel 1–2 Min. darin anbraten, bis sie etwas Farbe angenommen hat. Dann die Zucchininudeln dazugeben und unter gelegentlichem Rühren offen 3–4 Min. garen.

3. Die Butter in einer beschichteten Pfanne erhitzen. Die Rotbarschfilets kalt abwaschen, trocken tupfen und mit Salz und Pfeffer würzen. In der heißen Butter von jeder Seite je 2 Min. braten, dann aus der Pfanne heben.

4. Die Zucchininudeln mit Salz und Pfeffer abschmecken und auf zwei Tellern verteilen. Die Rotbarschfilets darauf anrichten. Die Mandelblättchen und den Thymian in die Pfanne zu der Butter geben und damit verrühren. Über den Fisch geben und servieren.

Gemüsenudeln

Nicht nur Zucchini lassen sich mit einem Spiral- oder einem Sparschäler in Spaghetti- bzw. Bandnudelform bringen. Längliche Gemüse wie Gurken und Möhren bieten sich genauso gut an wie die runden Kohlrabi oder Roten Beten. Selbstverständlich können Sie die Zucchini auch einfach in Scheiben oder Würfel schneiden und im Olivenöl anbraten – aber das Auge isst bekanntlich auch gerne mit.

Zitronen-Garnelen auf Rahmspinat

Für 2 Personen
Zubereitung: ca. 20 Min.
Auftauen: ca. 2 Std.
Pro Portion: ca. 425 kcal, 29 g E, 34 g F, 3 g KH

Für die Garnelen:
250 g rohe TK-Riesengarnelen (küchenfertig)
1 Bio-Zitrone
1 milde rote Chilischote
1 Knoblauchzehe
3 TL Kokosöl
Salz | Pfeffer

Für den Spinat:
300 g TK-Blattspinat
4 TL Butter
100 g Sahne
Salz
frisch geriebene Muskatnuss

1. Die Riesengarnelen und den Spinat nach Packungsanweisung getrennt in zwei Sieben auftauen. Die Zitrone heiß abwaschen, trocken reiben und die Schale fein abreiben. Den Saft auspressen. Die Chili waschen und in feine Ringe schneiden, den Knoblauch schälen und fein hacken oder durchpressen.

2. Butter für den Spinat in einem Topf erhitzen. Spinat gründlich ausdrücken, mit dem Messer grob hacken und 2 Min. in der Butter anschwitzen. Mit Sahne aufgießen, mit 1 Prise Salz und Muskat würzen und ca. 4 Min. bei mittlerer Hitze offen garen.

3. Inzwischen das Kokosöl in einer beschichteten Pfanne bei großer Hitze erhitzen. Die Garnelen abspülen, trocken tupfen und mit Salz und Pfeffer würzen. Im heißen Öl von beiden Seiten je 3 Min. braten. Dabei Knoblauch und Chili dazugeben. Zum Schluss mit Zitronensaft ablöschen. Den Fond mit abgeriebener Zitronenschale, Salz und Pfeffer abschmecken.

4. Den Spinat auf zwei Tellern verteilen, die Garnelen daraufsetzen, mit dem Fond beträufeln und servieren.

SCHONEND AUFTAUEN

Es dauert eine ganze Weile, bis Garnelen und Spinat aufgetaut sind. Am besten und schonendsten ist es, beides über Nacht im Kühlschrank aufzutauen oder etwa 2 Std. bei Zimmertemperatur. Wenn es mal schnell gehen muss, kann man den Spinat aber auch mal mit etwas Wasser bei kleiner Stufe nach Packungsanweisung im Topf auftauen und die Garnelen 4–5 Min. in heißes Wasser legen. Anschließend gut abtropfen lassen und wie oben beschrieben weiterverarbeiten.

Dorade auf grünem Spargel

Für 2 Personen
Zubereitung: ca. 25 Min.
Pro Portion: ca. 430 kcal, 24 g E, 34 g F, 7 g KH

Für den Spargel:
400 g grüner Spargel
8 TL Butter
100 ml Gemüsebrühe
Salz | Pfeffer
frisch geriebene Muskatnuss

Für die Doraden:
2 Doradenfilets mit Haut (à ca. 100 g)
Salz | Pfeffer
1 EL Kokosöl

Für die Tomatensauce:
1 kleine Zwiebel
1 Stange Staudensellerie
2 EL Kokosöl
100 g passierte Tomaten (aus der Dose)
1 TL edelsüßes Paprikapulver
Salz | Pfeffer

1. Den Spargel waschen, die holzigen Enden abschneiden und die unteren 5 cm mit dem Spargelschäler schälen. Die Stangen schräg in ca. 5 cm lange Stücke schneiden.

2. Butter und Gemüsebrühe in einen flachen Topf geben und erhitzen. Mit Muskat, Salz und Pfeffer abschmecken und aufkochen. Den Spargel hineingeben und bei kleiner Hitze in ca. 15 Min. zugedeckt garen.

3. Inzwischen die Doradenfilets kalt abwaschen, trocken tupfen und auf der Hautseite mit Salz und Pfeffer würzen. Das Kokosöl in einer Pfanne bei mittlerer Hitze erhitzen. Die Doradenfilets 1 Min. auf der Hautseite anbraten, aus der Pfanne nehmen und auf einem Teller beiseitestellen.

4. Für die Tomatensauce die Zwiebel schälen und fein würfeln. Den Staudensellerie waschen und in feine Würfel schneiden. Kokosöl und die Zwiebelwürfel in die Pfanne geben und die Zwiebel 2 Min. anbraten. Dann den Staudensellerie dazugeben und 2 Min. mitbraten. Mit den passierten Tomaten aufgießen, aufkochen und 3–4 Min. kochen lassen. Mit Paprikapulver würzen und mit Salz und Pfeffer abschmecken.

5. Die Doradenfilets mit der Fleischseite nach unten in die Sauce legen und in 2 Min. fertig garen.

6. Den Spargel auf zwei Tellern verteilen. Die Doradenfilets daraufsetzen und mit der Tomatensauce servieren.

DORADEN KAUFEN

Schonen Sie den natürlichen Bestand und entscheiden Sie sich für Doraden aus Aquakultur. Ein weiterer Vorteil: Bei gezielter Fütterung enthalten Zuchtdoraden viele Omega-3- und weniger Omega-6-Fettsäuren. Der Gehalt an Omega-3-Fettsäuren kann doppelt so hoch sein wie bei Doraden aus Wildfang!

Tintenfisch mit Papaya-Salsa

Für 2 Personen
Zubereitung: ca. 20 Min.
Auftauen: ca. 2 Std.
Pro Portion: ca. 415 kcal, 22 g E, 30 g F, 7 g KH

Für den Tintenfisch:
300 g TK-Blattspinat
200 g rohe TK-Tintenfischtuben (küchenfertig)
1 Knoblauchzehe
4 TL Butter
frisch geriebene Muskatnuss
Salz | Pfeffer
4 TL Kokosöl

Für die Salsa:
½ kleine Papaya
1 kleine rote Zwiebel
1 milde rote Chilischote
½ Zitrone
¼ Apfel
Salz | Pfeffer
4 TL Rapsöl

1. Spinat und Tintenfischtuben getrennt in zwei Sieben nach Packungsanweisung auftauen. Papaya für die Salsa schälen, die Kerne mit einem Löffel herauskratzen und das Fruchtfleisch in Würfel schneiden. Zwiebel schälen und fein würfeln. Die Chili waschen und in sehr feine Ringe schneiden. Die Zitrone auspressen. Die Apfelspalte vom Kerngehäuse befreien und fein reiben. Papaya, Zwiebel, Chili, Zitronensaft und Apfel mit dem Rapsöl verrühren. Mit Salz und Pfeffer abschmecken.

2. Die Tintenfischtuben abwaschen, trocken tupfen und in ca. 1 cm breite Ringe schneiden. Den Knoblauch schälen, fein hacken oder durchpressen. Die Butter in einem Topf erhitzen und den Knoblauch ca. 1 Min. darin dünsten. Den Spinat etwas ausdrücken und dazugeben. Mit 1 Prise Muskat, Salz und Pfeffer würzen. Bei kleiner Hitze zugedeckt ca. 5 Min. garen.

3. Das Kokosöl in einer Pfanne bei großer Hitze erhitzen. Die Tintenfischringe mit Salz und Pfeffer würzen und im heißen Öl unter Rühren in 2–3 Min. braten.

4. Den Spinat auf zwei Tellern verteilen, die Tintenfischringe darauf anrichten und mit der Papaya-Salsa servieren.

ZARTER TINTENFISCH

Tintenfisch (man sagt auch Kalmar, Sepia oder Calamari) wird beim Garen schnell zäh. Die tiefgekühlte Ware ist durch das Einfrieren schon etwas zarter. Frischen Tintenfisch klopft man dagegen vor dem Garen am besten wie ein Schnitzel weich. Beim Braten, Grillen und Frittieren gilt: schnell und heiß. Beim Kochen, Dünsten oder Schmoren sind niedrigere Temperaturen und ebenfalls kurze Garzeiten empfehlenswert, damit der Tintenfisch nicht zäh wie Gummi wird.

Seeteufel in Orangen-Pfeffer-Sauce

Für 2 Personen
Zubereitung: ca. 30 Min.
Pro Portion: ca. 535 kcal, 33 g E, 47 g F, 8 g KH

Für den Seeteufel:
1 kleine Zwiebel
1 Orange
1 Seeteufelfilet (ca. 300 g)
3 TL Kokosöl
Salz | Pfeffer
100 ml Gemüsebrühe
1 TL schwarze Pfefferkörner (ersatzweise ¼ TL gemahlener schwarzer Pfeffer)
60 g Sahne

Für den Salat:
1 Handvoll Rucola
¼ Kopf Eisbergsalat
½ Radicchio
2 EL Weißweinessig
½ TL Senf
4½ EL Olivenöl
Salz | Pfeffer

1. Die Zwiebel schälen und fein würfeln. Die Orange auspressen. Das Seeteufelfilet kalt abwaschen, trocken tupfen und in sechs gleich große Medaillons schneiden.

2. Das Öl in einer Pfanne bei mittlerer Hitze erhitzen, die Seeteufelmedaillons mit Salz und Pfeffer würzen und im heißen Öl von beiden Seiten je 1 Min. anbraten. Herausnehmen und auf einem Teller beiseitestellen.

3. Die Zwiebel in die Pfanne geben und ca. 2 Min. anschwitzen. Mit Orangensaft und Gemüsebrühe aufgießen und aufkochen. Die Pfefferkörner im Mörser grob zerstoßen, in den Fond geben und mitkochen. Bei mittlerer Hitze 8–10 Min. offen kochen.

4. Inzwischen den Rucola waschen, abtropfen lassen und in mundgerechte Stücke schneiden. Eisbergsalat und Radicchio waschen, gut abtropfen lassen oder trocken schleudern und in feine Streifen schneiden. Essig, Senf und Olivenöl verrühren und mit Salz und Pfeffer abschmecken.

5. Die Sahne in die Orangen-Pfeffer-Sauce rühren und bei großer Hitze offen weiter einkochen, bis die Sauce beginnt einzudicken. Sofort vom Herd ziehen und mit Salz abschmecken.

6. Den Salat in einer Schüssel mit der Salatsauce vermischen. Die Seeteufelmedaillons 1 Min. in der Sauce erwärmen, den Salat auf zwei Tellern verteilen, die Medaillons darauf anrichten und mit der Sauce servieren.

MIT RUCOLA-TOMATEN-SALAT

Dafür 1 Handvoll Rucola waschen, in mundgerechte Stücke schneiden und abtropfen lassen. In einer kleinen Pfanne 2 EL Olivenöl bei mittlerer Hitze erhitzen. 100 g Kirschtomaten waschen, halbieren und im heißen Öl unter gelegentlichem Rühren ca. 5 Min. schmoren. Mit Salz und Pfeffer abschmecken, den Rucola unterheben und gleich mit dem Seeteufel servieren.

Snacks und Süßes

Stimmt die Kalorienbilanz noch nicht? Wenn Ihr individueller Bedarf über den 1500 kcal liegt, die aus den Rezepten für Frühstück, Mittag- und Abendessen resultieren, sind diese kleinen Leckereien zum Aufstocken für Sie ideal. Feine Dinge für den kleinen Hunger zwischendurch oder die Lust auf süße Kleinigkeiten locken in die Küche.

Mini-Auberginenpizzen

Für 2 Personen
Zubereitung: ca. 15 Min.
Backen: ca. 30 Min.
Pro Portion: ca. 370 kcal,
16 g E, 32 g F, 4 g KH

1 Aubergine
3 EL Olivenöl
Salz
1 Kugel Mozzarella (Abtropfgewicht 125 g)
2 Ziegenfrischkäsetaler (à 20 g)
80 g stückige Tomaten (aus der Dose)
Pfeffer
1 TL Oregano
4 Stängel Basilikum

1. Den Backofen auf 200° vorheizen. Ein Backblech mit Backpapier belegen. Die Aubergine waschen und die Enden abschneiden. Die Aubergine in zwölf ca. 1,5 cm dicke Scheiben schneiden. Die Scheiben von beiden Seiten mit dem Olivenöl einpinseln, auf das Backblech legen und beidseitig mit etwas Salz würzen. In den Ofen (Mitte) schieben und 20 Min. backen.

2. Inzwischen den Mozzarella in zwölf etwa gleich große Stücke schneiden, den Ziegenkäse in kleine Stücke zerbröseln. Die Tomaten mit Salz, Pfeffer und Oregano würzen.

3. Die gebackenen Auberginenscheiben aus dem Ofen holen und die Tomaten gleichmäßig darauf verteilen. Mit je 1 Stück Mozzarella belegen, den Ziegenkäse gleichmäßig darüber verteilen und die Auberginen weitere 10 Min. backen.

4. Inzwischen 12 Basilikumblätter von den Stängeln zupfen, waschen und trocken tupfen. Die Pizzen aus dem Ofen holen, jede Pizza mit einem Basilikumblatt garnieren und servieren.

MINI-RÜBEN-PIZZEN

Diese Pizzen gelingen auch mit Kohlrabi oder weißem Rettich und schmecken kräftig-würzig. Schälen Sie dafür den Kohlrabi oder Rettich, schneiden Sie ihn in 6–8 mm dicke Scheiben und kochen Sie ihn etwa 6 Min. in gesalzenem Wasser. Dann kurz in eiskaltem Wasser abschrecken, trocken tupfen und wie oben beschrieben belegen.

Parmesan-Zucchini-Puffer mit Pesto rosso

Für 2 Personen
Zubereitung: ca. 25 Min.
Backen: ca. 20 Min.
Pro Portion: ca. 590 kcal,
20 g E, 53 g F, 8 g KH

Für das Pesto:
20 g Parmesan
2 Stängel Basilikum
50 g getrocknete Tomaten (in Öl)
20 g Pinienkerne
1 Knoblauchzehe
4½ EL Olivenöl
Salz | Pfeffer

Für die Puffer:
50 g Parmesan
1 Zucchino (ca. 300 g)
1 Möhre (ca. 100 g)
1 Ei (M)
1 TL Flohsamenschalenpulver
Salz | Pfeffer

1. Für das Pesto 20 g Parmesan fein reiben. 6 Basilikumblätter von den Stängeln zupfen, waschen und trocken tupfen. Die getrockneten Tomaten abtropfen lassen und grob hacken. Die Pinienkerne in einer Pfanne ohne Fett bei mittlerer Hitze rösten, bis sie zu duften beginnen. Den Knoblauch schälen und mit Parmesan, Basilikum, getrockneten Tomaten, Pinienkernen und dem Olivenöl in einen hohen Rührbecher geben. Mit dem Pürierstab fein pürieren. Mit Salz und Pfeffer abschmecken.

2. Für die Puffer den Backofen auf 200° vorheizen. Ein Backblech mit Backpapier belegen. 50 g Parmesan grob reiben. Den Zucchino waschen und die Enden abschneiden. Die Möhre schälen. Zucchino und Möhre grob raspeln und in einem sauberen Geschirrtuch gründlich auspressen. Mit Parmesan, Ei und Flohsamenschalenpulver mit den Händen zügig vermischen. Mit je 1 Prise Salz und Pfeffer würzen und 5 Min. quellen lassen.

3. Zehn esslöffelgroße Portionen der Masse in Häufchen mit etwas Abstand auf das Backblech setzen. Die Häufchen etwas flach drücken. Das Blech in den Ofen (Mitte) schieben und die Puffer ca. 20 Min. backen, bis die Ränder goldbraun werden.

4. Das Blech herausnehmen und die Puffer 5 Min. auf dem Backblech etwas abkühlen lassen. Dann auf zwei Tellern anrichten und mit dem Pesto servieren.

PESTO AUF VORRAT

Nur eine kleine Menge an Pesto herzustellen ist fast schon zu schade. Legen Sie sich doch einen Vorrat an und vervierfachen Sie dafür die oben angegebene Menge. In einem sterilen Schraubglas hält sich das Pesto im Kühlschrank mehrere Wochen. Es schmeckt auch hervorragend zu einem Stück kurzgebratenem oder gegrilltem Fleisch.

Easy peasy Eiersalat

Für 2 Personen
Zubereitung: ca. 15 Min.
Pro Portion: ca. 445 kcal, 20 g E, 39 g F, 3 g KH

6 Eier (M)
3 Stängel Petersilie (ersatzweise 2 TL gehackte TK-Petersilie)
50 g Mayonnaise
50 g griechischer Joghurt
1 TL Currypulver
Salz | Pfeffer

1. Die Eier zugedeckt in 8 Min. bei mittlerer Hitze mit Wasser bedeckt hart kochen. Abschrecken und abkühlen lassen.

2. Inzwischen die Petersilie waschen, trocken schütteln und fein hacken. Etwas davon zum Garnieren beiseitelegen. Die Mayonnaise mit Joghurt, Petersilie und Curry zusammen glatt rühren.

3. Die Eier pellen und in Würfel schneiden. Die Eierwürfel in die Mayonnaise-Joghurt-Mischung geben und unterheben. Mit Salz und Pfeffer abschmecken, mit Petersilie garnieren und servieren.

Gefüllte Eier mit Bacon

Für 2 Personen
Zubereitung: ca. 15 Min.
Pro Portion: ca. 455 kcal, 22 g E, 40 g F, 2 g KH

6 Eier (M)
3 Scheiben Frühstücksspeck
2 getrocknete Tomaten (in Öl)
2 Frühlingszwiebeln
40 g Mayonnaise
Salz | Pfeffer

1. Die Eier zugedeckt in 8 Min. bei mittlerer Hitze mit Wasser bedeckt hart kochen. Abschrecken und abkühlen lassen.

2. Den Frühstücksspeck fein würfeln und in einer Pfanne ohne Fett in ca. 6 Min. knusprig braten. Die getrockneten Tomaten abtropfen lassen und fein würfeln. Die Frühlingszwiebeln waschen und in feine Ringe schneiden.

3. Eier pellen, längs halbieren und die Eigelbe mit einem Teelöffel herauslösen. Eigelbe mit der Gabel zerdrücken und mit Mayonnaise, Speck, Tomaten und Frühlingszwiebeln verrühren. Mit Salz und Pfeffer abschmecken, mit einem Teelöffel oder Spritzbeutel gleichmäßig in die Eierhälften füllen und servieren.

Eier-Carpaccio mit Dip

Für 2 Personen
Zubereitung: ca. 25 Min.
Pro Portion: ca. 465 kcal,
20 g E, 41 g F, 3 g KH

6 Eier (M)
1 Bund Schnittlauch
2 Radieschen
½ Zitrone
50 g Mayonnaise
30 g Sahne
Salz | Pfeffer

1. Die Eier zugedeckt in 8 Min. bei mittlerer Hitze mit Wasser bedeckt hart kochen. Abschrecken und abkühlen lassen.

2. Schnittlauch waschen, trocken schütteln und in feine Ringe schneiden. Die Radieschen putzen, waschen und grob raspeln. Zitrone auspressen und den Saft mit Mayonnaise, Sahne, Schnittlauch und Radieschen glatt rühren. Mit Salz und Pfeffer abschmecken.

3. Die Eier pellen und in ca. 5 mm dicke Scheiben schneiden. Scheiben fächerförmig nebeneinander auf zwei Tellern anrichten. Mit dem Schnittlauchdip beträufeln und servieren.

Ei in der Tomate gebacken

Für 2 Personen
Zubereitung: ca. 15 Min.
Backen: ca. 25 Min.
Pro Portion: ca. 385 kcal,
21 g E, 30 g F, 6 g KH

2 Stängel Basilikum
6 Tomaten
40 g Parmesan
2 Eier (M) | 40 g Sahne
3 TL Kokosöl
Salz | Pfeffer
frisch geriebene Muskatnuss
60 g Schafskäse (Feta)

Außerdem:
Auflaufform (ca. 20 × 20 cm)
1 TL Kokosöl für die Form

1. Den Backofen auf 200° vorheizen. Die Auflaufform fetten. Basilikum waschen, trocken schütteln und 6 Blätter von den Stängeln zupfen. Die Tomaten waschen und einen Deckel abschneiden. Aushöhlen, in die Auflaufform setzen und je 1 Basilikumblatt in jede Tomate legen.

2. Parmesan fein reiben und mit Eiern, Sahne und Kokosöl verquirlen. Mit je 1 Prise Salz, Pfeffer und Muskat würzen. In die Tomaten verteilen. Tomaten im Ofen (Mitte) 8 Min. backen.

3. Den Feta in 6 Würfel schneiden. Die Form aus dem Ofen nehmen, auf jede Tomate 1 Würfel Feta legen und die Tomaten weitere 13–17 Min. backen. Auf zwei Tellern anrichten und servieren.

Kohlrabi-Pommes mit Erdbeerketchup

Für 2 Personen
Zubereitung: ca. 20 Min.
Backen: ca. 20 Min.
Pro Portion: ca. 160 kcal,
2 g E, 15 g F, 5 g KH

Für die Kohlrabi-Pommes:
1 großer Kohlrabi
3 EL Kokosöl
1 TL edelsüßes Paprikapulver
1 TL Currypulver
Salz | Pfeffer

Für das Ketchup:
50 g Erdbeeren
1 EL Tomatenmark
1 TL Weißweinessig
1 kleine rote Chilischote
Salz | Pfeffer

1. Den Backofen auf 250° vorheizen. Ein Backblech mit Backpapier belegen. Den Kohlrabi schälen. Zuerst in ca. 8 mm dicke Scheiben, dann in gleichmäßige Stifte schneiden. Das Kokosöl in einem kleinen Topf schmelzen und mit Paprikapulver, Curry, 1 TL Salz und 1 Prise Pfeffer in einer Schüssel verrühren. Die Kohlrabistifte dazugeben und gut vermischen, bis die Stifte gleichmäßig benetzt sind.

2. Kohlrabi-Pommes gleichmäßig auf dem Backblech verteilen, sodass sie sich möglichst nicht gegenseitig berühren. In den Ofen (Mitte) schieben und ca. 20 Min. backen. Nach 10 Min. wenden, damit sie gleichmäßig bräunen.

3. Inzwischen die Erdbeeren waschen, Stielansätze entfernen und Erdbeeren mit Tomatenmark und Essig in einen hohen Rührbecher geben. Die Chilischote waschen, halbieren, die Kerne entfernen, die Hälften waschen und in den Rührbecher geben. Mit dem Pürierstab fein pürieren und mit Salz und Pfeffer abschmecken.

4. Die Kohlrabi-Pommes aus dem Ofen nehmen und auf zwei Tellern verteilen. Mit dem Erdbeer-Tomaten-Ketchup servieren.

SO SCHMECKT'S AUCH

Probieren Sie die Pommes alternativ auch mal mit Hokkaido-Kürbis oder weißem Rettich. Die Zubereitung ist dieselbe. Die so gebackenen Gemüsestifte sind auch eine prima Gemüsebeilage, nicht nur zur Currywurst.

1TBSP-15ml

Rote-Bete-Chips »Sour Cream & Onion«

Für 2 Personen
Zubereitung: ca. 15 Min.
Backen: ca. 40 Min.
Pro Portion: ca. 215 kcal, 3 g E, 19 g F, 8 g KH

Für die Chips:
1 Rote Bete
3 TL Olivenöl
Salz | Pfeffer

Für den Dip:
1 Frühlingszwiebel
3 Stängel Petersilie (ersatzweise 1 EL gehackte TK-Petersilie)
50 g Crème fraîche
1 EL Quark (40 % Fett i. Tr.)
Salz | Pfeffer

1. Den Backofen auf 150° (Umluft) vorheizen. Ein Backblech mit Backpapier belegen. Rote Beten putzen und schälen. Mit einem Gemüsehobel oder der Aufschnittmaschine in sehr dünne Scheiben (ca. 2 mm) hobeln. In eine Schüssel geben und mit Olivenöl und je 1 Prise Salz und Pfeffer gründlich vermischen.

2. Die Scheiben einzeln flach auf das Backblech legen. In den Ofen (Mitte) schieben und 20 Min. backen. Dann wenden und weitere 20 Min. backen. Dabei alle 10 Min. die Ofentür kurz öffnen, um Feuchtigkeit entweichen zu lassen.

3. Inzwischen den Dip zubereiten. Dafür die Frühlingszwiebel waschen, längs halbieren und quer in feine Halbmonde schneiden. Die Petersilie waschen, trocken schütteln und fein hacken. Frühlingszwiebeln und Petersilie mit Crème fraîche und Quark in einer Schüssel verrühren und mit Salz und Pfeffer abschmecken.

4. Nach 40 Min. probieren, ob die Rote-Bete-Chips schon knusprig genug sind. Sind sie das nicht, die Ofentemperatur auf 100° reduzieren und die Chips noch weitere 20 Min. bei angelehnter Ofentür im Backofen trocknen lassen. Chips auf zwei Müslischälchen verteilen und mit dem Dip servieren.

ROTE BETEN VORBEREITEN

Rote Bete färbt sehr stark ab, deshalb am besten beim Schälen Haushaltshandschuhe tragen. Wer sehr geschickt im Umgang mit dem Messer ist, kann natürlich auch »freihändig« hauchdünne Rote-Bete-Scheiben schneiden. Ein Gemüsehobel ist aber bereits für sehr wenig Geld in der Haushaltsabteilung zu bekommen.

Knusper-Zucchini mit Kräuter-Aioli

Für 2 Personen
Zubereitung: ca. 20 Min.
Pro Portion: ca. 580 kcal, 14 g E, 57 g F, 3 g KH

Für die Aioli:
1 Knoblauchzehe
25 ml Milch
50 ml Olivenöl
1 Eigelb (M)
1 EL getrocknete italien. Kräuter
Salz | Pfeffer

Für die Zucchini:
1 großer Zucchino
1 Ei (M)
20 g Parmesan
30 g gemahlene Mandeln
1 TL edelsüßes Paprikapulver
Salz
1 TL getrockneter Thymian
3 EL Kokosöl

1. Den Knoblauch schälen und grob hacken. Milch, Olivenöl und das Eigelb in einen hohen Rührbecher geben. Den Pürierstab in das Rührgefäß stellen, erst dann einschalten und den Pürierstab langsam hochziehen. Mehrmals wiederholen, bis sich Milch, Öl und Eigelb zu einer Mayonnaise verbunden haben.

2. Knoblauch und Kräuter dazugeben und die Mayonnaise erneut mixen. Mit Salz und Pfeffer abschmecken.

3. Den Zucchino waschen und die Enden abschneiden. Den Zucchino schräg in ca. 8 mm dicke Scheiben schneiden.

4. Das Ei in einem tiefen Teller verquirlen. Den Parmesan fein reiben und mit gemahlenen Mandeln, Paprikapulver, Salz und Thymian in einem weiteren Teller vermischen. Die Zucchinischeiben zunächst im Ei wenden, dann von beiden Seiten mit der Mandelmischung panieren.

5. Das Öl in einer beschichteten Pfanne bei mittlerer Hitze erhitzen. Die panierten Zucchini im heißen Öl von beiden Seiten in je ca. 2 Min. goldbraun braten.

6. Herausnehmen, auf Küchenpapier abtropfen lassen und auf zwei Tellern anrichten. Mit der Kräuter-Aioli servieren.

AIOLI OHNE EI

Sie verzichten lieber auf rohe Eier? Dann gibt es eine einfache Alternative! Wenn alle Zutaten mit dem Pürierstab püriert werden, kommt es auch ohne das rohe Eigelb zu einer Bindung. Diese hält allerdings nur einige Minuten. Deshalb am besten die eifreie Aioli erst kurz vor dem Servieren zubereiten.

Muffins »Quattro Formaggi«

Für 12 Stück
Zubereitung: ca. 25 Min.
Backen: ca. 20 Min.
Pro Stück: ca. 170 kcal,
10 g E, 13 g F, 2 g KH

30 g getrocknete Tomaten (in Öl)
1 kleines Bund Basilikum
50 g Mandeln
50 g Cashewkerne
50 g Parmesan
50 g Gouda
50 g Mozzarella
150 g Quark (40 % i. Tr.)
4 Eier (M)
1 TL Backpulver
Salz | Pfeffer

Außerdem:
12 Muffin-Papierförmchen
12er-Muffinform

1. Den Backofen auf 180° vorheizen. Je 1 Papierförmchen in die Vertiefungen der Muffinform setzen.

2. Die getrockneten Tomaten in einem Sieb abtropfen lassen. Das Basilikum waschen, trocken schütteln und die Blätter abzupfen. Mandeln und Cashewkerne im Blitzhacker fein mahlen. Getrocknete Tomaten und Basilikumblätter dazugeben und erneut mixen, bis eine feine Masse entstanden ist.

3. Den Parmesan fein reiben, Gouda und Mozzarella grob reiben. Zusammen mit der Nussmasse und dem Quark in eine Schüssel geben. Eier und Backpulver dazugeben und alles zu einem geschmeidigen Teig verrühren. Mit Salz und Pfeffer abschmecken und gleichmäßig auf die Muffinförmchen verteilen.

4. In den Ofen (Mitte) schieben und ca. 20 Min. backen. Herausnehmen und kurz abkühlen lassen. Die Muffins aus der Form nehmen und noch heiß servieren oder abkühlen lassen und in einem luftdicht geschlossenen Behälter kühl aufbewahren.

So schmeckt's auch

Zur Abwechslung den Mozzarella auch mal durch die gleiche Menge Ziegenfrischkäse oder Blauschimmelkäse austauschen.

Spinatmuffins mit Bacon

Für 12 Stück
Zubereitung: ca. 20 Min.
Backen: ca. 20 Min.
Auftauen: ca. 2 Std.
Pro Stück: ca. 80 kcal,
5 g E, 6 g F, 1 g KH

200 g TK-Blattspinat
1 kleine Zwiebel
1 Knoblauchzehe
10 Scheiben Frühstücksspeck
3 TL Kokosöl
5 Eier (M)
30 g Kokosmehl
1 TL Backpulver
Salz | Pfeffer
frisch geriebene Muskatnuss
12 Kirschtomaten

Außerdem:
12 Muffin-Papierförmchen
12er-Muffinform

1. Spinat nach Packungsanweisung in einem Sieb auftauen lassen. Den Backofen auf 180° vorheizen. Je 1 Papierförmchen in die Vertiefungen der Muffinform setzen.

2. Die Zwiebel schälen und fein würfeln. Den Knoblauch schälen, durchpressen oder fein hacken. Frühstücksspeck klein schneiden. Das Kokosöl in einer kleinen Pfanne bei mittlerer Hitze erhitzen und den Speck darin 3 Min. anbraten. Zwiebel und Knoblauch dazugeben und weitere 3 Min. goldbraun braten.

3. Inzwischen den Spinat ausdrücken, grob hacken und mit Eiern, Kokosmehl und Backpulver mischen. Die angebratenen Zwiebel- und Frühstücksspeckwürfel dazugeben, unterheben und mit Salz, Pfeffer und frisch geriebenem Muskat abschmecken.

4. Die Masse gleichmäßig auf die Muffinförmchen aufteilen. Die Kirschtomaten waschen, halbieren und je zwei Hälften auf jeden Muffin legen. Die Muffinform in den Ofen (Mitte) schieben und die Muffins ca. 20 Min. backen. Aus dem Ofen nehmen und kurz abkühlen lassen. Dann die Muffins aus der Form lösen und noch heiß servieren oder abkühlen lassen und im Kühlschrank in einem luftdicht geschlossenen Behälter aufbewahren.

FRÜHSTÜCKSMUFFINS MIT LACHS

Tauschen Sie für ein Sonntagsfrühstück den Frühstücksspeck doch einmal gegen die gleiche Menge Räucherlachs aus. Dann braten Sie ihn allerdings nicht wie den Speck an, sondern schneiden ihn in kleine Würfel und heben ihn am Ende mit den angebratenen Zwiebeln unter die Spinatmasse. Belegen Sie jeden Muffin vor dem Backen noch mit einer halben Kirschtomate, damit das Auge mitessen kann.

Mini-Paprika mit Frischkäsecreme

Für 2 Personen
Zubereitung: ca. 15 Min.
Backen: ca. 10 Min.
Pro Portion: ca. 310 kcal, 13 g E, 27 g F, 4 g KH

6 bunte Mini-Paprika
20 g Parmesan
80 g Doppelrahmfrischkäse
20 g gemahlene Mandeln
1 TL getrockneter Thymian
Salz | Pfeffer
6 Scheiben Frühstücksspeck

Außerdem:
1 Spritzbeutel mit Lochtülle
6 Zahnstocher

1. Den Backofen auf 200° vorheizen. Ein Backblech mit Backpapier belegen. Einen Deckel von den Paprika abschneiden. Die Paprikaschoten unter fließendem Wasser ausspülen und trocken tupfen. Weiße Trennwände und Kerne aus den Paprika entfernen, falls vorhanden. Den Parmesan fein reiben und mit Frischkäse, gemahlenen Mandeln und Thymian zu einer Creme verrühren. Mit Salz und Pfeffer abschmecken.

2. Die Creme in den Spritzbeutel geben und die Paprika bis zum Rand mit der Masse füllen. Jede Paprika längs mit 1 Scheibe Speck umwickeln, sodass die Öffnung bedeckt wird. Den Speck mit je 1 Zahnstocher fixieren. Die Paprika auf dem Backblech verteilen und im Backofen (Mitte) ca. 10 Min. backen. Aus dem Ofen nehmen, auf Tellern anrichten und servieren.

PAPRIKA FÜLLEN

Wenn Sie keinen Spritzbeutel zur Hand haben, können Sie die Creme mit einem Teelöffel in die Paprika füllen. Oder Sie funktionieren einen Gefrierbeutel zum Spritzbeutel um, indem Sie ein kleines Eckchen abschneiden.

23

Joghurt-Pannacotta mit Erdbeersauce

Für 2 Personen
Zubereitung: ca. 25 Min.
Kühlen: ca. 4 Std.
Pro Portion: ca. 390 kcal, 10 g E, 33 g F, 11 g KH

Für die Pannacotta:
4 Blatt Gelatine
1 Vanilleschote
150 g Sahne
¼ TL Zimtpulver
200 g griechischer Joghurt
Birkenzucker (Xylit, nach Belieben)

Für die Erdbeersauce:
150 g Erdbeeren
½ Bio-Limette

Außerdem:
4 Blätter Minze

1. Die Gelatine ca. 5 Min. in eiskaltem Wasser einweichen. Inzwischen die Vanilleschote längs aufschneiden, das Mark herauskratzen und zusammen mit der Schote, der Sahne, 50 ml Wasser und dem Zimt in einem Topf aufkochen.

2. Die Gelatine aus dem Wasser nehmen und ausdrücken. In die heiße Sahne rühren, bis sich die Gelatine aufgelöst hat. Die Vanilleschote herausnehmen, den Joghurt einrühren und nach Belieben mit Birkenzucker abschmecken. Die Pannacotta auf zwei Gläser oder Dessertschälchen verteilen. Abdecken und mindestens 4 Std. oder über Nacht kalt stellen.

3. Die Erdbeeren waschen und die Stielansätze entfernen. Die Limette heiß abwaschen und trocken tupfen. Die Limettenschale fein abreiben und den Saft auspressen. Die Minzeblätter waschen und trocken schütteln.

4. Saft und abgeriebene Limettenschale mit den Erdbeeren in einen hohen Rührbecher geben und mit dem Pürierstab pürieren. Das Erdbeerpüree auf die Pannacotta verteilen, mit den Minzeblättern garnieren und servieren.

MIT SCHOKOLADENSAUCE

Für Schokoladen- statt Erdbeersauce 40 g Zartbitterschokolade (mind. 70 % Kakaogehalt) fein hacken oder raspeln. 100 g Sahne in einem Topf aufkochen, dann den Topf vom Herd nehmen. Die Schokolade hineingeben und so lange rühren, bis sie sich vollständig aufgelöst hat. Mit ½ TL gemahlener Vanille und Birkenzucker nach Belieben abschmecken. Die Schokoladensauce vor dem Servieren vollständig abkühlen lassen.

Avocado-Schoko-Eiscreme

Für 2 Personen
Zubereitung: ca. 10 Min.
Gefrieren: ca. 40 Min.
Pro Portion: ca. 530 kcal,
8 g E, 49 g F, 14 g KH

1 Banane
1 Avocado
50 g Crème fraîche
2 EL Kakaopulver (schwach entölt)
½ TL gemahlene Vanille
1 EL Kokosmus
1 EL kalter Kaffee
Birkenzucker (Xylit, nach Belieben)

1. Die Banane schälen, die Avocado halbieren, den Kern entfernen und das Fruchtfleisch aus der Schale lösen. Banane und Avocado in grobe Würfel schneiden und zusammen mit der Crème fraîche in den Aufsatz des Blitzhackers samt Messer geben. Darin 40–50 Min. tiefkühlen.

2. Den Blitzhacker aus dem Tiefkühlfach nehmen. Kakaopulver, gemahlene Vanille, Kokosmus und den kalten Kaffee dazugeben und alles fein mixen. Bei Bedarf mit Birkenzucker abschmecken. Gleich auf zwei Müslischälchen verteilen und servieren.

OHNE EISMASCHINE

Eis wird normalerweise unter beständigem Rühren in einer Eismaschine hergestellt und dabei natürlich unentwegt gekühlt. Bei der Herstellung dieses Eises ist das nicht möglich. Damit die Zutaten beim Pürieren nicht zu schnell warm werden, ist es sehr hilfreich, die Schale und das Messer des Blitzhackers mit einzufrieren. Schaffen Sie also schon mal etwas Platz in der Gefriertruhe. Aber Vorsicht, das Eis hat Suchtpotenzial.

Himbeer-Limetten-Drink

Für 2 Personen
Zubereitung: ca. 15 Min.
Pro Portion: ca. 450 kcal,
8 g E, 42 g F, 8 g KH

2 Limetten
100 g Sahne
150 g Himbeeren (ersatzweise aufgetaute TK-Himbeeren)
200 g Doppelrahmfrischkäse
Birkenzucker (Xylit, nach Belieben)
6 Eiswürfel

1. Die Limetten auspressen und den Saft mit der Sahne und 100 ml kaltem Wasser in einen hohen Rührbecher geben. Die Himbeeren waschen und zur Sahnemischung geben. Alles mit dem Pürierstab fein pürieren. Anschließend den Frischkäse einrühren und bei Bedarf mit Birkenzucker abschmecken.

2. In jedes Glas 3 Eiswürfel geben. Den Himbeer-Limetten-Smoothie aufgießen und servieren.

SO SCHMECKT'S AUCH

Sauer macht lustig! Also probieren Sie doch einmal, den Limettensaft durch den Saft einer Zitrone auszutauschen. Genauso gut wie Himbeeren machen sich übrigens Erdbeeren, Heidelbeeren oder Papaya. Diese Früchte sind ebenfalls LCHF-konform. Besonders cremig wird der Drink, wenn Sie tiefgekühlte Früchte verwenden, die nur angetaut und gleich gemixt wurden.

Dieses köstliche Tiramisu braucht keine zuckersüßen Löffelbiskuits. Ein lockerer Biskuitboden, eine feine Creme, dazu die leicht bittere Kaffeenote – perfetto!

Kokos-Tiramisu

Für 2 Personen
Zubereitung: ca. 25 Min.
Backen: ca. 20 Min.
Pro Portion: ca. 515 kcal, 15 g E, 48 g F, 5 g KH

Für den Biskuit:
2 Eier (M)
Salz
½ TL gemahlene Vanille
20 g gemahlene Mandeln
½ TL Backpulver
10 g Kokosraspel
20 g Kokosmehl

Für die Creme:
50 ml kalter Espresso
1 Tropfen Bittermandelaroma
100 g Mascarpone
50 g griechischer Joghurt
½ TL gemahlene Vanille
20 g Kokosmus
1 TL Kakaopulver (schwach entölt)

1. Den Backofen auf 175° vorheizen. Ein Backblech mit Backpapier belegen. Die Eier trennen. Die Eiweiße mit 1 Prise Salz in ca. 2 Min. mit dem Handrührgerät zu sehr steifem Eischnee schlagen. Gemahlene Vanille, gemahlene Mandeln, Backpulver, Kokosraspel und Kokosmehl in einer Schüssel mischen, dann mit den Eigelben verrühren. Den Eischnee dazugeben und mit dem Teigschaber unterheben.

2. Den Teig auf das Backblech geben und zu einem Quadrat mit 18 cm Kantenlänge verstreichen. In den Ofen (Mitte) schieben und 20 Min. backen. Herausnehmen, die Teigplatte mit dem Backpapier vom Blech ziehen und auf einem Kuchengitter vollständig auskühlen lassen. Dann den Biskuitteig vierteln.

3. Inzwischen den Espresso mit dem Bittermandelaroma mischen. Mascarpone, Joghurt, gemahlene Vanille und Kokosmus zusammen glatt rühren.

4. Auf zwei Teller je ein Biskuitteigstück legen. Die Biskuitböden mit der Hälfte des Espresso beträufeln. Die Hälfte der Mascarponecreme auf den Biskuitböden verteilen. Die zweiten Biskuitböden darauflegen und mit dem restlichen Espresso beträufeln. Die restliche Mascarponecreme darauf verteilen, glatt streichen und mit dem Kakaopulver bestäuben. Abgedeckt im Kühlschrank bis zu 2 Tage aufbewahren oder sofort servieren.

Teig backen: *Den Teig auf einem mit Backpapier belegten Backblech mit dem Teigschaber zu einem Quadrat verstreichen. Im auf 175° vorgeheizten Ofen backen, dann abkühlen lassen und vierteln.*

Biskuitböden beträufeln: *Den Espresso und das Mandelaroma miteinander mischen. Je ein Biskuitstück auf einen Teller legen und mit der Hälfte der Espresso-Mandelaroma-Mischung beträufeln.*

Creme verteilen: *Die Hälfte der Mascarponecreme auf den Böden verstreichen, die anderen Böden darauflegen, die restliche Creme darauf glatt streichen und mit Kakaopulver bestäuben.*

Zitronen-Frischkäse-Muffins

Für 12 Stück
Zubereitung: ca. 20 Min.
Backen: ca. 30 Min.
Pro Stück: ca. 170 kcal, 7 g E, 15 g F, 1 g KH

Für den Boden:
90 g Butter
120 g Mandelmehl
Salz

Für die Füllung:
1 Bio-Zitrone
½ Bio-Orange
3 Eier (M)
300 g Doppelrahmfrischkäse
2 TL Backpulver
½ TL gemahlene Vanille
Salz
Birkenzucker (Xylit, nach Belieben)

Außerdem:
12 Muffin-Papierförmchen
12er-Muffinform
½ Bio-Zitrone zum Garnieren

1. Den Backofen auf 160° vorheizen. Je 1 Papierförmchen in die Vertiefungen der Muffinförmchen setzen.

2. Die Butter schmelzen und mit dem Mandelmehl und 1 Prise Salz zu einem bröseligen Teig verkneten. Die Teigbrösel gleichmäßig auf den Böden der Muffinförmchen verteilen und festdrücken, sodass die Böden gleichmäßig bedeckt sind. In den Ofen (Mitte) schieben und 10 Min. backen.

3. Inzwischen die Zitrusfrüchte waschen, trocken reiben und die Schalen abreiben. Die Eier mit Frischkäse, Backpulver, gemahlener Vanille und 1 Prise Salz sowie der Zitronen- und Orangenschale zu einer glatten Masse verrühren. Nach Belieben mit dem Birkenzucker abschmecken.

4. Die Masse auf die vorgebackenen Muffinböden gießen und im Ofen (Mitte) ca. 20 Min. backen. Die Muffins aus dem Ofen nehmen, kurz abkühlen lassen und die Muffins dann vollständig auf dem Kuchengitter auskühlen lassen.

5. Die Zitrone zum Garnieren heiß abwaschen, abtrocknen und in sehr dünne Scheiben schneiden. Die Muffins damit garnieren.

MUFFINS EINFRIEREN

Sie wollen nicht gleich alle zwölf Muffins verputzen? Macht nichts! Einzeln in Frischhaltefolie eingewickelt eignen sie sich auch prima zum Einfrieren. So haben Sie immer einen kleinen Vorrat parat. Die gefrorenen Muffins einfach 10–12 Min. im auf 200° vorgeheizten Ofen auftauen oder schon aufgetaut in der Mikrowelle oder auf dem Toaster aufwärmen und dann genießen.

Avocado-Schoko-Muffins

Für 12 Stück
Zubereitung: ca. 20 Min.
Backen: ca. 25 Min.
Pro Stück: ca. 180 kcal,
9 g E, 15 g F, 2 g KH

180 g Mandelmehl
70 g Kakaopulver (schwach entölt)
½ TL Natron
½ TL Backpulver
1 Avocado
50 g Kokosöl
280 g griechischer Joghurt
2 Eier (M)
½ TL gemahlene Vanille
Birkenzucker (Xylit, nach Belieben)

Außerdem:
12 Muffin-Papierförmchen
12er-Muffinform

1. Den Backofen auf 175° vorheizen. Je 1 Papierförmchen in die Vertiefungen der Muffinförmchen setzen.

2. Mandelmehl, Kakaopulver, Natron und Backpulver mischen und in eine Rührschüssel sieben. Die Avocado halbieren, den Kern entfernen, das Fruchtfleisch mit einem Löffel herauslösen und in einen hohen Rührbecher geben.

3. Das Kokosöl in einem kleinen Topf auf dem Herd schmelzen, wenn es noch nicht flüssig genug ist. Zusammen mit dem Joghurt, den Eiern und der gemahlene Vanille zur Avocado geben und alles mit dem Pürierstab fein pürieren. Die trockenen Zutaten zur Avocadomasse in den Rührbecher sieben.

4. Alles mit einem Rührlöffel zu einem geschmeidigen Teig verarbeiten. Nach Belieben mit Birkenzucker abschmecken und mit einem Esslöffel gleichmäßig auf die Muffinförmchen verteilen.

5. In den Ofen (Mitte) schieben und ca. 25 Min. backen. Herausnehmen, kurz abkühlen lassen und die Muffins dann vollständig auf dem Kuchengitter auskühlen lassen.

MIT SCHOKOLADE

Probieren Sie das Rezept mit 60 g Zartbitterschokolade (mind. 70 % Kakaogehalt) statt des Kakaopulvers aus, damit werden die Muffins noch saftiger. Reiben Sie die Schokolade dafür möglichst fein. Das geht besonders gut, wenn Sie vorher eine Zeit lang im Kühlschrank gelegen hat, dadurch wird sie schön fest. Heben Sie die Schokolade erst ganz am Ende unter den Teig.

Zitronen-Joghurt-Gums

Für 20 Stück
Zubereitung: ca. 15 Min.
Kühlen: ca. 6 Std.
Pro Stück: ca. 30 kcal,
1 g E, 2 g F, 1 g KH

8 Blatt Gelatine
1 Bio-Zitrone
100 ml Apfelsaft
7 TL Olivenöl
½ Pck. ungesüßte Zitronen-Götterspeise
100 g griechischer Joghurt
Birkenzucker (Xylit, nach Belieben)

Außerdem:
20er-Silikon-Mini-Gugelhupfform

1. Die Gelatine ca. 5 Min. in eiskaltem Wasser einweichen. Die Zitrone heiß waschen, trocken reiben und die Schale hauchdünn abreiben. Den Saft auspressen und zusammen mit dem Apfelsaft, Olivenöl und 1 EL Wasser in einen Topf geben.

2. Das Götterspeisepulver einrühren und unter gelegentlichem Rühren aufkochen, dann gleich von der Platte ziehen.

3. Die Gelatine mit den Händen auspressen und in der heißen Flüssigkeit auflösen. Den Joghurt und die abgeriebene Zitronenschale einrühren und nach Belieben mit Birkenzucker abschmecken. Die Masse gleichmäßig in die Mini-Gugelhupfform füllen.

4. Mindestens 6 Std., besser über Nacht, im Kühlschrank fest werden lassen. Dann aus den Silikonförmchen drücken und in einer luftdicht verschließbaren Dose bis zum vollständigen Verzehr im Kühlschrank aufbewahren. Die Joghurt-Gums halten sich gekühlt ca. 1 Woche.

HIMBEER-JOGHURT-GUMS

Dafür die Zitrone durch 100 g Himbeeren ersetzen. Die Himbeeren mit 50 ml Apfelsaft und 50 ml Wasser pürieren, dann durch ein Sieb in einen Topf passieren, um die Kernchen zu entfernen. ½ Pck. ungesüßte Himbeer-Götterspeise einrühren und weiter wie beschrieben zubereiten.

Mandel-Kokos-Kekse

Für 15 Kekse
Zubereitung: ca. 20 Min.
Backen: ca. 10 Min.
Pro Stück: ca. 115 kcal,
1 g E, 12 g F, 1 g KH

75 g Butter
150 g Kokosraspel
50 g gemahlene Mandeln
2 Eigelb (M)
1 Ei (M)
Birkenzucker (Xylit, nach Belieben)

1. Den Backofen auf 200 °C vorheizen. Ein Backblech mit Backpapier belegen. Die Butter in einem kleinen Topf schmelzen. Kokosraspel und gemahlene Mandeln mit den Eigelben und dem Ei in einer Schüssel vermischen. Die flüssige, etwas abgekühlte Butter dazugeben und alles mit den Händen zu einem Teig verkneten. Nach Belieben mit Birkenzucker abschmecken.

2. Mit einem Esslöffel Teigstücke abstechen und zwischen den Handflächen zu Kugeln formen. Auf das Backblech setzen und mit der Hand ca. 8 mm flach drücken. In den Ofen (Mitte) schieben und ca. 10 Min. backen, bis die Ränder braun werden. Herausnehmen und auf dem Backblech vollständig auskühlen lassen.

NUSS-KOKOS-KEKSE

Vielleicht haben Sie gerade keine Mandeln im Haus oder es sind mal wieder von einem anderen Rezept kleinere Reste anderer Nüsse übrig? Dann sind diese Kekse die ideale Resteverwertung. Jede beliebige Nusssorte, die gerade da ist oder wegmuss, kann die Mandeln ersetzen. Ganze Nüsse mahlen Sie im Blitzhacker.

Schoko-Kokos-Kugeln

Für 20 Kugeln
Zubereitung: ca. 20 Min.
Pro Stück: ca. 90 kcal, 2 g E, 9 g F, 1 g KH

1 Avocado
100 g Doppelrahmfrischkäse
50 g weiche Butter
60 g Kokosmehl
30 g Kakaopulver (schwach entölt)
½ TL gemahlene Vanille
Birkenzucker (Xylit, nach Belieben)
60 g gemahlene Mandeln
20 g Kokosraspel

1. Die Avocado halbieren und den Kern entfernen. Das Fruchtfleisch aus der Schale lösen und in den Blitzhacker geben. Frischkäse, Butter, Kokosmehl, Kakaopulver und gemahlene Vanille dazugeben und alles zu einer homogenen Masse pürieren. Nach Belieben mit Birkenzucker abschmecken.

2. In eine Schüssel geben, mit den gemahlenen Mandeln verkneten und ca. 10 Min. ruhen lassen. Dann aus der Masse mit den Händen 20 gleich große Kugeln formen und in den Kokosraspeln wälzen. In einer luftdicht verschließbaren Dose halten sich die Schoko-Kokos-Kugeln im Kühlschrank bis zu 1 Woche.

ANDERS UMHÜLLT

Eine Handvoll geröstete, ungesalzene Pistazien sind schnell geknackt und im Blitzhacker gemahlen. Und sie sind um einiges günstiger als rohe, bereits geschälte Pistazienkerne. Probieren Sie sie einmal statt der Kokosraspeln als leckere Umhüllung aus. Auch gehobelte Mandelblättchen, mit dem Messer etwas feiner gehackt, eignen sich super dafür und sorgen für ein anderes Geschmackserlebnis.

Schoko-Nuss-Happen

Für 6 Stück
Zubereitung: ca. 15 Min.
Kühlen: ca. 1 Std.
Pro Stück: ca. 165 kcal,
3 g E, 15 g F, 5 g KH

80 g Zartbitterschokolade
(mind. 70 % Kakaogehalt)
50 g Pekannusskerne
30 g Mandeln
10 g geschälte Kürbiskerne
Fleur de Sel (ersatzweise Meersalz)

1. Ein Backblech oder Tablett mit Backpapier belegen. Die Schokolade in feine Stücke hacken und in einem Schälchen über dem warmen Wasserbad unter gelegentlichem Rühren auflösen.

2. Inzwischen Pekannusskerne und Mandeln mit dem Messer in grobe Stücke hacken. In die geschmolzene Schokolade geben und verrühren, bis sie vollständig damit überzogen sind.

3. Esslöffelweise sechs Portionen der Schoko-Nuss-Masse abnehmen und mit etwas Abstand in Häufchen auf das Backblech setzen. Die Kürbiskerne auf den Nusshappen verteilen und mit einigen Körnchen Fleur de Sel garnieren.

4. Die Schoko-Nuss-Happen ca. 1 Std. an einen kühlen Ort, am besten in den Kühlschrank, stellen, bis die Schokolade fest ist.

5. In einer luftdicht verschließbaren Dose halten die Schoko-Nuss-Happen bis zu 2 Wochen im Kühlschrank.

Erdnussriegel

Für 8 Riegel
Zubereitung: ca. 15 Min.
Kühlen: ca. 4 Std.
Pro Stück: ca. 295 kcal,
9 g E, 24 g F, 10 g KH

200 g Zartbitterschokolade
(mind. 70 % Kakaogehalt)
120 g gesalzene Erdnüsse
4 EL Erdnussmus (ungesüßt)
1 EL Butter
Birkenzucker (Xylit, nach Belieben)

Außerdem:
Auflaufform (ca. 16 × 20 cm)

1. Die Form mit Backpapier auslegen. Die Schokolade fein hacken und in einem Schälchen unter gelegentlichem Rühren über dem warmen Wasserbad auflösen. Inzwischen die gesalzenen Erdnüsse mit einem Messer grob hacken.

2. Die Schokolade mit dem Erdnussmus glatt rühren, dann die Butter unterrühren, bis sie sich vollständig aufgelöst hat. Zum Schluss die Erdnüsse unterheben, bis eine geschmeidige Masse entstanden ist. Nach Belieben mit Birkenzucker abschmecken.

3. In die Form füllen, glatt streichen und im Kühlschrank mindestens 4 Std., besser über Nacht, kalt stellen.

4. Den festen Schokoladenblock mit dem Backpapier aus der Form heben und auf einem Küchenbrett in acht gleich große Riegel von ca. 3 × 8 cm schneiden. In einer luftdicht verschließbaren Box halten sich die Riegel gekühlt bis zu 4 Wochen.

BESSER OHNE SÜSSUNGSMITTEL

Gesüßt schmecken diese Riegel so verführerisch, da kann es schnell passieren, dass man zu viel davon verputzt und aus der Ketose gerät. Deshalb die Riegel am besten ohne Süßungsmittel herstellen oder nur dann zubereiten, wenn Sie sich sehr sicher sind, widerstehen zu können.

Bulletproof Coffee

Für 2 Personen
Zubereitung: ca. 10 Min.
Pro Portion: ca. 325 kcal, 7 g E, 32 g F, 1 g KH

5 EL gemahlener Kaffee
8 TL Butter
3 EL Kokosöl

1. Aus 400 ml Wasser und dem Kaffeepulver zwei Tassen Kaffee zubereiten. Die Butter und das Kokosöl in einem Topf bei mittlerer Hitze schmelzen und leicht erwärmen.

2. Kaffee, Butter und Kokosöl in einen hohen Rührbecher geben und mit dem Pürierstab pürieren, bis sich alle Zutaten verbunden haben und eine schöne Schaumschicht entstanden ist. In zwei vorgewärmte Tassen geben und servieren.

SO SCHMECKT'S AUCH

Mit etwas gemahlener Vanille, Zimtpulver oder Kardamom lässt sich der Kaffee lecker aufpeppen. Wer es süß mag, kann ein Süßungsmittel nach Belieben verwenden oder pro Tasse ein kleines Stück Zartbitterschokolade (mind. 70 % Kakaogehalt) darin auflösen. Wenn Sie Sahne im Kaffee mögen, erhitzen Sie sie zusammen mit der Butter und dem Kokosöl.

Bulletproof »Heiße Schoki«

Für 2 Personen
Zubereitung: ca. 10 Min.
Pro Portion: ca. 510 kcal, 12 g E, 49 g F, 6 g KH

200 g Kokosmilch (aus der Dose)
5½ TL weiche Butter
3 TL Kokosöl
4 EL Kakaopulver (schwach entölt)
¼ TL gemahlene Vanille
1 Prise Zimtpulver

1. Kokosmilch mit 200 ml Wasser in einen kleinen Topf geben und zum Kochen bringen. Dann Butter, Kokosöl, Kakaopulver, Vanille und Zimt einrühren und den Topf vom Herd ziehen.

2. Die heiße Schokolade in einen hohen Rührbecher geben und mit dem Pürierstab pürieren, bis sich alle Zutaten verbunden haben und eine schöne Schaumschicht entstanden ist. In zwei vorgewärmte Tassen geben und servieren.

LCHF-ZUTATEN UND -ZUBEHÖR

Basenpulver: Ketone sind Säuren und fallen bei LCHF vermehrt an. Um den Säure-Basen-Haushalt in der Ketose im Gleichgewicht zu halten, ist daher ein Ausgleich über eine zusätzliche Basenzufuhr nötig. Am besten geht das mit einem Basenpulver auf Citratbasis, das Schutz vor Übersäuerung bietet. Diese Pulver sind in der Apotheke oder über das Internet erhältlich.

Birkenzucker: Wer nicht auf eine gewisse Süße verzichten möchte, hat die Wahl zwischen verschiedenen alternativen Süßungsmitteln, die den Insulinspiegel kaum in die Höhe treiben. Süßen Sie aber so wenig wie möglich. Mit der Zeit gewöhnen Sie sich an weniger Süße. Birkenzucker, auch Xylit genannt, ist ein natürlicher Süßstoff. Er stammt ursprünglich aus Birkenrinden, wird heute aber meist künstlich hergestellt. Er schmeckt fast wie Haushaltszucker, ist aber wesentlich teurer. Dafür lässt er den Blutzuckerspiegel aber auch deutlich weniger ansteigen als herkömmlicher Zucker, da nur 25 % seiner Kohlenhydrate abgebaut werden. Birkenzucker ist eine gute LCHF-kompatible Alternative zum Süßen. 1 TL hat 1 kcal und keinen nennenswerten Kohlenhydratgehalt.

Chia-Samen: Der Gehalt an Omega-3-Fettsäuren in Chia-Samen ist unübertroffen. Auch Eisen, Magnesium, Kalzium, Vitamine und Ballaststoffe enthalten sie in großen Mengen. Die kleinen glutenfreien Samen werden also aus gutem Grund zu den Superfoods gezählt. Sie haben eine sehr hohe Quellfähigkeit, wodurch sie sich gut zum Binden und Backen eignen.

Erythrit: Wenn es ohne Süßen nicht geht: Der künstliche Süßstoff ist besser verträglich als viele andere Süßstoffe. Erythrit ist nahezu kalorien- und kohlenhydratfrei. Die Süße kommt aber natürlicherweise auch in Käse, Obst oder Pistazien vor.

Flohsamenschalenpulver: Die fein gemahlene Schale der Flohsamen dient als Binde- und Quellmittel. Das Pulver aus den Schalen der auch Psyllium genannten Pflanze hat praktisch keine Kohlenhydrate und besteht zu über 80 % aus Ballaststoffen. In den Rezepten in diesem Buch wird nur Flohsamenschalenpulver verwendet. Mit grob gemahlenen Flohsamenschalen gleicher Menge erhält man nicht das gleiche Ergebnis! Das Pulver bekommen Sie im Reformhaus und im Bioladen.

Gemahlene Vanille: Nicht mit Vanillezucker zu verwechseln. Für gemahlene Vanille wird die ganze getrocknete Schote fein gemahlen. Das Pulver ist um ein vielfaches intensiver als Vanillezucker, vor allem aber ist es frei von künstlichen Zusätzen und Zucker. Sie bekommen es im Drogeriemarkt, im Bioladen und im Reformhaus.

Kartoffelfasern: In skandinavischen Ländern bereits sehr beliebt bei der Low-Carb-Ernährung, halten sie auch in unseren Küchen Einzug. Den Kartoffeln wird erst die Stärke entzogen, dann das Wasser. Fein gemahlen eignen sich die Fasern als Backzutat und Bindemittel für Saucen. Zu beziehen sind sie über das Internet.

Ketosticks: Die Sticks zum Messen des Ketosewertes im Urin bekommt man in Apotheken. Sie werden einfach in den Urin eingetaucht. Anhand der Verfärbung kann man mithilfe einer Vergleichsskala ganz bequem den Ketongehalt bestimmen, was Rückschlüsse auf den Gehalt im Blut zulässt.

Kokosblütenzucker: Dieser Zucker ist mit seiner geringen Wirkung auf den Blutzucker für die LCHF-Ernährung gut geeignet. Er stammt aus dem

Nektar der Kokosblüte, der beim Anschneiden der Blüte austritt. Unter Dampfbehandlung bilden sich die Zuckerkristalle. Man verwendet ihn wie herkömmlichen Zucker, seine Süßkraft entspricht etwa der von Haushaltszucker. Sein Geschmack ist karamellartig, aber ohne Kokosaroma. 1 TL Kokosblütenzucker hat 19 kcal und 5 g Kohlenhydrate.

Kokosmehl: Das Mehl wird aus getrocknetem, teilentöltem (manchmal auch »entölt« genanntem) und anschließend gemahlenem Fruchtfleisch der Kokosnuss hergestellt. Es ist glutenfrei und bereichert mit seinem süßlichen Kokosaroma viele Gerichte – sowohl süße als auch herzhafte. Mit seiner hohen Saugfähigkeit eignet es sich daneben auch zum Binden von Saucen.

Kokosmus: Das fein geriebene weiße Fleisch der Kokosnuss enthält viel Öl, pflanzliches Eiweiß und wenige Kohlenhydrate. Es sorgt für Geschmack und Textur in süßen und herzhaften Speisen. Wie Kokosöl bekommen Sie es im Super- oder Drogeriemarkt und im Bioladen. Achten Sie auch hier auf Bioqualität.

Kokosöl: Kokosöl eignet sich besonders gut zum Braten, da es sehr hitzestabil ist. Auch zum Backen ist es gut einsetzbar. Achten Sie beim Kauf auf native Bioqualität. Verwechseln Sie Kokosöl nicht mit gehärtetem Kokosfett. Der leichte Kokosduft des Öls gibt den Gerichten ein feines Kokosaroma. Wenn Sie den Geschmack nicht so mögen, können Sie statt nativem auch ein sogenanntes desodoriertes Kokosöl verwenden, dem die Aromastoffe entzogen wurden. Kokosöl und die geschmacksneutrale Variante erhalten Sie im Bioladen, im Reformhaus und im Onlinehandel.

Lakritzpulver: Der aus Süßholzwurzeln gewonnene Saft wird getrocknet und fein gemahlen als Lakritzpulver angeboten. Das Pulver eignet sich zum Würzen von süßen und herzhaften Speisen. Sie bekommen es in der Apotheke, dem Reformhaus oder im Internet. Manche Menschen reagieren auf Lakritz mit Bluthochdruck. Betroffene sollten vor der Verwendung mit ihrem Arzt sprechen.

Magnesiumpräparate: Zu Anfang der Ketose werden zusammen mit Wasser viele Mineralstoffe ausgeschieden. Nehmen Sie jetzt vor allem zusätzlich Magnesium auf, das für zahlreiche Stoffwechselprozesse nötig ist. Am wirkungsvollsten sind Magnesiumpräparate auf Citratbasis. Sie sind in der Apotheke oder auch im Internet erhältlich.

Mandelmehl: Nach dem Auspressen der Mandeln in der Ölmühle wird der Presskuchen fein gemahlen und kommt als teilentöltes Mandelmehl (manchmal auch »entölt« genannt) in den Handel. Das Mehl ist sehr kohlenhydratarm und daher ideal als Ersatz für herkömmliches Getreidemehl geeignet. Erhältlich ist das Mehl auch mit natürlichem Fettgehalt. Für die Rezepte in diesem Buch kommt teilentöltes Mandelmehl zum Einsatz. Sie bekommen es im Bioladen und im Reformhaus.

Sesammehl: Für Sesammehl wird ungerösteter Sesam entölt und anschließend fein gemahlen. Es ist relativ geschmacksneutral und eignet sich daher als Mehlersatz zum Backen. Es hat nur ca. 6 g Kohlenhydrate auf 100 g und ist ideal in der LCHF-Küche. Zu beziehen über das Internet.

Stevia: Ob in flüssiger oder kristalliner Form: Das aus der Steviapflanze gewonnene Extrakt hat eine Süßkraft, die um mehrere hundert Mal höher als die von normalem Zucker ist. Wegen seines bitteren, lakritzartigen Nachgeschmacks ist Stevia nicht jedermanns Sache. Weil es frei von Kalorien ist und den Blutzuckerspiegel nicht beeinflusst, passt es aber in eine LCHF-Ernährung.

LCHF ONLINE

Bezugsadressen

www.ketoladen.de

Internetshop mit Lebensmitteln für eine ketogene Ernährung. Mit vielen Rezepten und einem Programm zur Online-Nährwertberechnung.

www.konzelmanns.de

Onlineshop für Low-Carb-Produkte. Mehl, Back- und Fertigmischungen sowie Müslis aus eigener Entwicklung. Führt auch Saucen, Getränke, Süßes, Riegel und Snacks. Bietet zudem ein Angebot an Low-Carb-Rezepten.

www.lchf-shop.de

Auswahl an LCHF-Produkten verschiedener Hersteller wie Mehle, Backmischungen, Fette und Öle, Kokosprodukte, Nudeln, Snacks und Süßes.

www.lcw-shop.de

Onlineshop der Low-Carb-Marke LCW mit breitem Angebot auch von anderen Anbietern. Alternative Süßungsmittel wie Erythritol sind hier erhältlich.

www.nu3.ch

Schweizer Onlineversand für spezielle Lebensmittel aus den Bereichen Naturkost, Diäten, Fitness und Schönheit sowie für natürliche Pflegeprodukte. Breites Angebot der eigenen Marke sowie der Produkte anderer Hersteller.

Infoseiten

www.ketogenic-diet-resource.com

Englischsprachige Website mit Infos und nützlichen Hinweisen zur ketogenen Ernährung, Rezepten und Tipps für einen Ernährungsplan.

www.lchf-deutschland.de

Website der LCHF-Akademie mit Infos zu LCHF, eigenen Magazinen, Kochjournalen, Büchern sowie Rezepten. Die Akademie bietet darüber hinaus eine Ausbildung zum LCHF-Ernährungs- und Gesundheitsberater sowie Gesundheitscoachings durch ausgebildete Berater an.

www.lowcarb-ketogen.de

Website zur Low-Carb- und zur ketogenen Ernährung. Bietet Kurse zur Einführung in die Ernährungsformen, eine Low-Carb-Starthilfe, Bücher, Rezepte sowie eine Übersicht über Gastronomie mit Low-Carb- und LCHF-Angebot.

REGISTER

BIO PLANETE
Ölmühle Moog seit 1984

Bio, Leidenschaft & feinster Genuss

Erhältlich in Ihrem Bio-Fachhandel

Genießen Sie unsere Bio-Öle aus Europas ältester Bio-Ölmühle

Ihre

Judith Moog

Öltabelle	Fettsäuren g/100 ml	Vitamin E mg/100 ml	Vegan	Rohkost	Gebäck + Dessert	Warme Küche	Besonderheiten und Gourmet-Tipps
Bratöl mit Ghee	18 / 67 / 5	30			●	●●●	Gesundes Pflanzenöl mit feinem Buttergeschmack zum Braten von Fisch, Pasta und Gemüse.
Brat-Olivenöl	15 / 64 / 12	27	●		●	●●●	Bis 210° C erhitzbar und ideal zum Braten, Backen und Frittieren mit feiner Olivennote.
Kokosfett, gedämpft	84 davon Laurinsäure = ca. 50% / 6	-	●		●	●●●	Mild gedämpft für Kosmetik & Küche: Sehr bekömmlich und neutral in Geruch & Geschmack.
Olivenöle	16 / 63 / 10	24	●	●	●	●●	Extra native Olivenöle in drei Geschmacksintensitäten für die tägliche Küche.
Rapsöl	7 / 57 / 18 / 9	30	●	●		✕	Sein ausgewogenes Fettsäuremuster ist ideal für Kinderernährung. Leicht nussig im Geschmack.
Sonnenblumenöl	10 / 24 / 58	59	●	●	●	●	Mild-nussig im Geschmack. Passt zu Thunfisch, Ei, Salaten, Roter Bete und Mais
Chiaöl	10 / 7 / 17 / 58	47	●	●		✕	Öl aus der traditionellen Heilpflanze: Reich an Ω3 und mild-nussig im Geschmack.
Hanföl	10 / 13 / 50 / 16	20	●	●		✕	Duftet nach frischen Kräutern. Verfeinert Spargel, Salate und Gemüsegerichte.
Leindottdrö	10 / 30 / 18 / 31	20	●	●		✕	Ernährungsphysiologische Alternative zum Leinöl. Leicht & grasig im Geschmack.
Leinöl	9 / 16 / 13 / 55	9	●	●		✕	Mild durch 3D-Filtration. Nussiger Geschmack. Passt zu Quark, Kartoffeln & Fisch.
Leinöl-Mixturen	11 / 19 / 29 / 32	26	●			✕	Die Leinöl-Mixtur schärft Geist & Blick. Reich an DHA und Vitamin E.
Aprikosenkernöl	6 / 65 / 21	6	●	●	●	●	FAIR TRADE. Die zarte Marzipannote verfeinert Salate, Saucen & Süßspeisen.
Avocadoöl	18 / 65 / 7	13	●	●	●	●●●	FAIR TRADE. Ideal für Salate und zum Anbraten von Fleisch, Fisch und Gemüse.
Distelöl	9 / 12 / 71	59	●	●	●	●	Ω6-reich & mild im Geschmack. Verfeinert Dips, Dressings, rote Bohnen & Kürbis.
Haselnussöl	7 / 72 / 12	32	●		●	●	Schonend geröstet: Das Öl verleiht Süßspeisen eine herrliche Nougatnote.
Kokosöl	86 davon Laurinsäure = ca. 50% / 4	-	●	●	●	●●●	Auch in FAIRTRADE. Ein Öl für Küche & Kosmetik – nativ, rohköstlich & hoch erhitzbar.
Kürbiskernöl	17 / 33 / 41	9	●			✕	Geröstet und gepresst nach »steirischer Art«. Verfeinert Salate, Gemüse & Desserts.
Macadamiaöl	14 / 76	-	●		●	●●	Öl aus der »Königin der Nüsse«, leicht geröstet, verfeinert Saucen, Salate & Deserts.
Walnussöl	9 / 17 / 56 / 9	7	●	●	●	✕	Ω3-reich. Typisch französisch & fein nussig. Verfeinert Spinat, Salate & Desserts.
Würzöle	14 / 70 / 6	25	●	●	●	●	Gewürzte Olivenöle ohne ätherische Essenzen: Mit Chili, Basilikum oder Knoblauch.

■ gesättigte Fettsäuren ■ einfach ungesättigte Fettsäuren ■ Omega 6 (Linolsäure): mehrfach ungesättigte Fettsäuren ■ Omega 3 (Alpha-Linolensäure): mehrfach ungesättigte Fettsäuren

✕ Nicht erhitzen ● Dünsten & Garen ●● Braten ●●● Wok & Frittieren H »Aus unserer Heimat« – die Initiative für mehr BIO-Landwirtschaft in Deutschland. Infos unter www.bioplanete.com/heimisch

Die komplette Öltabelle finden sie auf www.bioplanete.com/produktfinder

www.bioplanete.com

© 2017 GRÄFE UND UNZER VERLAG GmbH, München
Alle Rechte vorbehalten. Nachdruck, auch auszugsweise, sowie die Verbreitung durch Film, Funk, Fernsehen und Internet, durch fotomechanische Wiedergabe, Tonträger und Datenverarbeitungssysteme jeglicher Art nur mit schriftlicher Genehmigung des Verlages.

Projektleitung: Jessica Kleppel
Lektorat: Bettina Snowdon
Korrektorat: Christian Wolf
Innen- und Umschlaggestaltung: independent Medien-Design, Horst Moser, München
Illustration: Markus Voll
Herstellung: Petra Roth
Satz: L42 AG, Berlin
Reproduktion: Medienprinzen GmbH, München
Druck und Bindung: Firmengruppe APPL, aprinta druck, Wemding
Syndication: www.seasons.agency

3. Auflage 2018
ISBN 978-3-8338-5825-3

www.facebook.com/gu.verlag

GRÄFE UND UNZER

Ein Unternehmen der
GANSKE VERLAGSGRUPPE

Die Autoren

Nico Stanitzok ist diätetisch geschulter Koch und hat damit seine Leidenschaft für gutes und vollwertiges Essen zum Beruf gemacht. Für dieses Buch entwickelte er alltagstaugliche und vor allem fettreiche Rezepte, die fit, satt und glücklich machen. Als Ausgleich zu seiner täglichen Arbeit liebt er es, ausgefallene Macarons zu backen. Kostproben davon zeigt er auf seiner Homepage www.mein-macaron.de.
Prof. Dr. rer. nat. Jürgen Vormann studierte Ernährungswissenschaft an der Universität Hohenheim (Stuttgart) und ist Gründer des Instituts für Prävention und Ernährung (IPEV) bei München. Sein umfangreiches Wissen über Vitamine, Mineralstoffe und den Säure-Basen-Haushalt vermittelt Prof. Vormann in Vorträgen und Fernsehauftritten und nun auch im Serviceteil dieses Buches.

Die Fotografin

Mona Binner entdeckte nach der Ausbildung zur Werbefotografin die Liebe zur Food-Fotografie. Seit 2007 arbeitet sie für namhafte Kunden, Magazine und Verlage. Ein besonderes Gespür für Licht und Farbe bestimmt die Ästhetik der Aufnahmen und führt zur unverwechselbaren Bildsprache. Unterstützt wurde sie bei diesem Buch von **Julia Luck, Sílvio da Silveira Macêdo** (Foodstyling), **Kristina Geisel** (Assistenz) und **Katrin Heinatz** (Requisiten).

Bildnachweis

Autorenfotos: privat;
Titelfoto: Silvio Knezevic;
alle anderen Fotos: Mona Binner

QUALITÄTS GU GARANTIE

Liebe Leserin, lieber Leser,

haben wir Ihre Erwartungen erfüllt? Sind Sie mit diesem Buch zufrieden? Haben Sie weitere Fragen zu diesem Thema? Wir freuen uns auf Ihre Rückmeldung, auf Lob, Kritik und Anregungen, damit wir für Sie immer besser werden können.

GRÄFE UND UNZER Verlag
Leserservice
Postfach 86 03 13
81630 München
E-Mail:
leserservice@graefe-und-unzer.de

Telefon: 00800 / 72 37 33 33*
Telefax: 00800 / 50 12 05 44*
Mo–Do: 9.00 – 17.00 Uhr
Fr: 9.00 – 16.00 Uhr
(gebührenfrei in D, A, CH)*

Ihr GRÄFE UND UNZER Verlag
Der erste Ratgeberverlag – seit 1722.

Titelrezept

Hackbällchen mit Spargelsalat (S. 104)

Umwelthinweis:
Dieses Buch ist auf PEFC-zertifiziertem Papier aus nachhaltiger Waldwirtschaft gedruckt.

Backofenhinweis:
Die Zeiten können je nach Herd variieren. Die Temperaturangaben in unseren Rezepten beziehen sich auf das Backen im Elektroherd mit Ober- und Unterhitze und können bei Gasherden oder Backen mit Umluft abweichen. Details entnehmen Sie bitte Ihrer Gebrauchsanweisung.